はじめに

パンケーキとの出会いは、40年ほど前のハワイでした。
当時のワイキキでは、現在のようなオシャレなカフェなどなく、朝食はホテルのレストランかプレートランチを買ってビーチで食べるのがベーシックなスタイル。
そんなワイキキで、気軽に朝食を食べることができるお店がパンケーキ屋さんでした。

朝食べるパンケーキといえばシンプルな薄いタイプのもので、ホイップバターをたっぷりのせて、メープルシロップやココナッツシロップ、グアバシロップをかけて食べます。
人気のお店ではオリジナルのホイップバターが販売されていて、ムームー(ハワイの生地で作ったドレス)を着たおばあちゃんたちがお店で朝食を食べたあと、そのホイップバターを買って帰る、そんな光景を毎朝のように見ていました。
当時のハワイには24時間のパンケーキ屋さんもあり、夜中にも食べに行った記憶があります。そんなハワイのパンケーキは時代を越え、今や華やかなスイーツの象徴となりました。

そこでこの本では、はじめてでもおいしく作ることができる基本のベーシックパンケーキから新感覚のスフレパンケーキ。そしてうっとりするほど美しいトッピングをしたパンケーキまで、私が長年かけて研究した魔法のような作り方を、詳しく紹介しました。
写真で見るプロセスには、おいしくなる「魔法ポイント」を、たくさんちりばめたので見逃さないでくださいね。

おいしいだけじゃなく、見るだけでも人を笑顔にする不思議な力を持ったパンケーキ。
食べる人に癒しを与える、魔法のようなパンケーキを作るために、この本が役に立てたらとても嬉しいです。

藤沢せりか

\\ CONTENTS //

PART 3 可愛いトッピングのパンケーキにチャレンジ！ スフレパンケーキ編 —— 77

注意　■材料に記した分量は大さじ1＝15㎖（cc）、小さじ1＝5㎖（cc）です。生クリーム、牛乳、ヨーグルトは糖分のない、低脂肪でないものを使用しています。卵はM～Lサイズを使用しています。パンケーキを焼くときは無塩バターを使用しています。

　　　■調理時間、温度、火加減は目安です。

おいしく作るコツは、材料選びと火加減がポイント!

キッチンにある材料で作れて、プロセスもシンプルなので、食材自体の味をストレートに感じることがパンケーキの特徴といえます。おいしく作るコツは難しいテクニックではなく、材料選びと火加減。ここでは簡単だけどおいしく作れるポイントを紹介します。

1 ベーシックパンケーキは卵黄、スフレパンケーキは卵白を重視する

卵選びで一番重要なことは鮮度ですが、作るものによって選ぶポイントが違います。ベーシックパンケーキの場合はコクと旨みを出すために卵黄の濃いものを選びます。スフレパンケーキの場合はふわふわに膨らむメレンゲが作れる、粘度の高い卵白を持つ卵を選びます。とはいえ情報がなく、試さないと分からない場合は、スーパーなどでも見かけるプレミアム系(他より価格が高い)を選べば、大体どちらもクリアできるのでおすすめです。

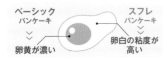

2 しっとりor ふわふわ、生地の食感は小麦粉で決まる

ベーシックパンケーキの場合、小麦粉の割合が多いため、粉で食感が変わります。使用するのは薄力粉で、パッケージにはお菓子用やうどん用など、用途が書いてあるものもあります。お菓子用は軽くてフワッとした食感。うどん用はそれより比較的しっとり、もっちりした食感に仕上がります。これは薄力粉中のタンパク質含有率(グルテン)によるもので、量が少ない方がふんわり、さっくりします。色々な薄力粉を試して自分の好みのものを見つけてみてください。

3 砂糖は用途によって使い分ける

砂糖にはしっとりした上白糖や三温糖から、さらさらのグラニュー糖、きめの細かい粉砂糖など、色々な種類があります。食感を左右するのは水分量なので、ベーシックパンケーキにはしっとり系、スフレパンケーキにはさらさら系の砂糖が合います。また、自然の味を楽しみたい場合はココナッツシュガーやきび糖などを使うと良いでしょう。

4 おいしく焼ける火加減の目安を覚える

自分好みの材料を揃えたら、次に注意するのは火加減です。ガス、IH、ホットプレート、それぞれ使い方に違いがありますが、まず、焼き始める前に加熱して道具を十分温めておくことが重要です。次に焼くときの火加減ですが、温度でいうと160℃、ガスなら極弱火〜弱火の間。非接触温度計を使い、持っている機器の熱の上がり方を、ガスは見た目で火の大きさなどを覚えておきましょう。

この本の火加減の目安 (ガスの火)

※火加減の見た目はあくまで目安で、ガス台によって異なります。

極弱火	弱火	弱中火	中火	強火

ガス口から青い火が1cmくらい出ているくらい	青い火が1.5cmくらい出て、少し横に広がっている	青い火が3cmくらい出て、ガス口を覆うくらい	青い火が5cmくらい出て、勢いがある	青い火が8cm以上、横と縦に大きく広がるくらい

PART

1

はじめてでもおいしく作れる!

基本のパンケーキ
生地の作り方

身近な材料で簡単に作ることができて、お腹いっぱいになる。シンプルなだけに素材そのものの味が生きてくるパンケーキ。ここでは素材選びから作り方まで、ベーシックパンケーキとスフレパンケーキに分けて、よりおいしく作れるテクニックを紹介します。

HOW TO MAKE PANCAKES

おいしく作るための
道具選び

ここではおいしく作るための道具選びのポイントを、ベーシックパンケーキとスフレパンケーキに分けて紹介します。ほとんどがキッチンにあるような道具ですが、作り始める前に今一度、確認しておきましょう。新しく購入する場合には参考にしてみてください。

‖ ベーシックパンケーキ用 ‖

ボウル
生地の材料を混ぜ合わせるので、大きめで重たい、安定感のあるガラス製がおすすめ。

ザル
粉類を合わせてふるうため、口が広くて取っ手が付いているものが使いやすい。

電子スケール
粉類など、細かい計量に使用。1g～2kgまで計れるものが便利。

計量スプーン
生地の材料を正確に量るために使用。大さじ（15㎖）、小さじ（5㎖）。数字が見やすいものを選ぶと良い。

計量カップ
牛乳などの液体を量るために使用。500㎖まで量れるものが便利。数字が見やすいものを選ぶと良い。

泡立て器
持ちやすく、羽根の部分が広がってしっかりしたものがおすすめ。大、中、小と大きさの違うものを持っていると便利。

レードル
生地を流し入れるときに使用。片口のものもあるが、ベーシックパンケーキの場合はおたまでもOK。

フライ返し
生地を裏返すために必要。先が薄くて幅が広く安定したものが使いやすい。

キッチンタイマー
焼き時間を計るときに使用。文字が大きめでマグネットになっているものが使いやすい。

蓋付きフライパン
中まで火が通りにくい、焼きが甘いときなどに蓋があると便利。焼き具合が見て分かるガラスの蓋を選ぶと良い。

茶こし
仕上げに粉砂糖や抹茶、ココアなどのパウダーをふるときに使用。網目が細かいものを選ぶと良い。

スフレパンケーキ用

ボウル
冷たさが伝わりやすく持ち上げて混ぜる動作に適している、軽くて大きめのステンレス製がおすすめ。

計量スプーン
生地の材料を正確に量るために使用。大さじ(15㎖)、小さじ(5㎖)に加え、小さじ¼(1㎖)。数字が見やすいものを選ぶと良い。

泡立て器
持ちやすく、羽根の部分が広がってしっかりしたものがおすすめ。

ハンドミキサー
メレンゲを作るときに使用。高速、中速、低速の切り替えができ、羽根の先が広がっているもの。クイジナートのハンドミキサーがおすすめ。

電子スケール
粉類など、細かい計量に使用。1g～2kgまで量れるものが便利。

キッチンタイマー
焼き時間を計るときに使用。文字が大きめで裏面がマグネットになっているものが使いやすい。

硬いゴムベラ
ベース生地とメレンゲを混ぜ合わせるときに使用。

やわらかいゴムベラ
生地やホイップクリームなど、ボウルに付いたものをこそげ取るのに使用。

レードル
スフレ生地をすくって落とすときに片口のレードルがおすすめ。ない場合は小さめのおたまで代用。

非接触温度計
調理器具や生地にかざして温度を測るときに使用。スフレパンケーキは温度管理が大切なので必須アイテム。

フライ返し
生地を裏返すために使用。先が薄くて幅が広く安定したものが使いやすい。

刷毛
ホットプレートやフライパン、セルクルなどにバターを塗るときに使用。

セルクル
ハートの形や、高さを出したパンケーキを作りたいときに使用。

茶こし
仕上げに粉砂糖や抹茶、ココアなどのパウダーをふるときに使用。網目が細かいものを選ぶと良い。

軍手
焼けたパンケーキをセルクルから外すときに使用。

蓋付きフライパン
スフレパンケーキを蒸し焼きにするときに使用。中が透けて見えるガラスの蓋がおすすめ。

ホットプレート
スフレパンケーキを焼くときに使用。焼きムラが出にくく、温度調節もできるので初心者にはおすすめ。

おいしく作るための 基本の材料

道具と同様に大切なのが材料選び。基本になる材料を、ベーシックパンケーキとスフレパンケーキに分けて紹介します。ベーシックパンケーキ生地にはヨーグルト、スフレパンケーキ生地にはレモン汁を使うのがおいしい生地作りのポイントになります。

‖ ベーシックパンケーキ生地 ‖

魔法ポイント

1 牛乳

脂肪分3.5％以上の低脂肪ではないものを使用。牛乳が苦手な場合は豆乳やアーモンドミルクで代用可能。

2 ヨーグルト

生地をしっとり仕上げるにはヨーグルトを入れることがポイント。甘みのないプレーンタイプを使用。乳製品が苦手な場合は豆乳ヨーグルトを使用すると良い。

3 小麦粉

薄力粉を使用。料理用、お菓子用どちらでもOK。グルテンが苦手な場合は米粉やおからなどでも代用可能。

4 卵

新鮮で卵黄の濃厚なものを使用。基本的にはMサイズを使用するが、LサイズでもOK。

5 ベーキングパウダー

アルミフリーのものを使用。生地をふんわりさせるために使用するがなくてもOK。

6 砂糖

しっとりした上白糖を使用。糖分は液体ものを除き（はちみつや液体のオリゴ糖など）好みのものでOK。

‖ スフレパンケーキ生地 ‖

1 レモン汁

メレンゲを安定させるためには
レモン汁を入れることがポイン
ト。レモンの搾り汁か市販のレ
モン汁を使用。レモンがない場
合は酢でも代用可能。

2 牛乳

脂肪分3.5％以上の低脂肪では
ないものを使用。牛乳が苦手な
場合は豆乳やアーモンドミルク
で代用可能。

3 ベーキングパウダー

アルミフリーのものを使用。生
地をふんわりさせるために使用
するが、なくてもOK。

4 小麦粉

薄力粉を使用。料理用、お菓子用
どちらでもOK。グルテンが苦手
な場合は米粉やおからなどでも
代用可能。ただし、膨らみ加減は
変わってくる。

5 砂糖

グラニュー糖を使用。膨らみに
変化は出るが、好みのものでも
OK。ただし液体のもの（はちみ
つや液体のオリゴ糖など）は膨ら
まなくなるので不向き。

6 卵

新鮮で卵白に粘りがあるものを
使用。基本的には卵白の量が多
いLサイズを使用するが、Mサイ
ズでもOK。

基本のパンケーキ
生地の作り方
ベーシックパンケーキ編

おいしいパンケーキは生地が決め手です。ここではベーシックパンケーキの生地作りをガス、IH、ホットプレートの3種類を使って紹介します。

1 粉類をスケールで量る

電子スケールに小さめのボウルを置き、薄力粉、ベーキングパウダー、上白糖を量りながら足していく。

2 混ぜる

泡立て器を使い、ボウルの中の粉類をよく混ぜ合わせる。上白糖が底にたまらないように注意する。

3 ふるう

別のボウルにザルを置き、混ぜ合わせた粉類を入れてふるう。泡立て器を使うと粉が飛び散らない。

7 フライパンまたはホットプレートを温める

ガスの場合

ガスで作る場合、濡れ布巾を用意する。温度が上がりすぎたとき、布巾の上にフライパンを置いて温度を下げる。

フライパンをガス台に置き、弱中火にかける。煙が出てきたら火を止めて予熱でフライパンをならす。

IHの場合

IHにフライパンを置き、温度を170〜180℃にし、煙が出てきたら160℃に落としてキープする。

8 粉類と液体類を混ぜ合わせる

粉類の入ったボウルの中央部分をくぼませ、液体類を1/3ほど流し入れて中央から外側に向かって回すように混ぜる。

残りの液体類1/2を入れ、中央から外側へ向かって回すように混ぜる。

魔法ポイント

液体類の残りを全て加え、よく混ぜ合わせる。ぐるぐるとゆっくり1分間ほど混ぜるとなめらかになる。

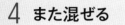

材料（直径20cm／3枚分）

薄力粉 …… 180g		卵 …… 1個	
ベーキングパウダー …… 5g		牛乳 …… 150ml	
上白糖 …… 30g		プレーンヨーグルト …… 50g	

4 また混ぜる

ふるい終えた粉類は、泡立て器を使ってよく混ぜる。このときも上白糖が底にたまらないように注意する。

5 液体類を量る ✨魔法ポイント

電子スケールに卵を入れたボウルを置き、**ヨーグルトを量りながら加える。**牛乳は計量カップで図る。

6 混ぜる

卵とヨーグルトが入ったボウルに牛乳を加え、泡立て器でよく混ぜ合わせる。

ホットプレートの場合

ホットプレートは熱伝導が遅いため、最初は200℃にし、煙が出てきたら一旦オフにする。

煙が消えたら140℃にする。このとき、ランプが消えてしまうことが多いが、そのままで大丈夫。

ホットプレートは設定した温度を保つため、ずっとつきっぱなしではなく、自動的にオンとオフを繰り返すようになっている。

CHECK

「粉類へ液体を入れる」は大原則！必ず守りましょう

粉類と液体類を合わせる際、やってしまいがちなのが、液体類へ粉類を入れてしまう逆パターンです。これをすると混ざりにくく、ダマができたり粉っぽさが残り、生地がなめらかになりません。必ず、粉類へ液体類を入れる、というルールを守りましょう！

\ NG / ✕

液体に粉が浮いてしまう。

\ NG / ✕

粉っぽさが残り、ダマができる。

\ OK / ◎

ルール通りに作れればなめらかな生地になる！

13

9 焼く

極弱火

ガス口から青い火が1cmく
らい出ているくらい。

弱火

青い火が1.5cmくらい出て、
少し横に広がっている。

生地を流し入れる	まわりが乾燥してくる	気泡が出てくる

ガス	IH	ホット プレート	ガス	IH	ホット プレート	ガス	IH	ホット プレート
弱火	160℃	160℃	極弱火	160℃	180℃	極弱火	170℃	150℃

弱火で温めたフライパンに生地を流し入れる。	設定160℃。温度を確認し、生地を流し入れる。	最初は弱火にし、フチが乾燥してきたら極弱火にする。	生地のフチが乾燥し、中央あたりはまだ生の状態。	ガスは加熱する速度が速いため、極弱火でゆっくり焼いた方が安心。	少し温度を上げると、プツプツと気泡が出てくる。

IH・ホットプレートの場合

温度を測り、160℃より下がっていたら、一旦180℃に上げてから生地を流し入れる。

ガスの場合
温度が高くなりすぎていたら火を止める。

IH・ホットプレート・ガス共通

ココがポイント!
生地のフチと中央以外の表面が少し乾燥してくる。

\ NG /
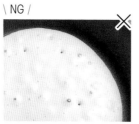
温度が低いとフチの乾燥が見られない。その場合は180℃、弱火に上げて様子を見る。

ホットプレートの場合

ホットプレートはIHよりやや早く、プツプツと気泡が出てくる。

ガスの場合

IH、ホットプレートよりガスの方が早く、プツプツと気泡が出てくる。

ガスは火加減の調節が難しいので、私はIHかホットプレートのどちらかを使っています。初心者には温度が安定しやすい、ホットプレートをおすすめします。

完成!!

表面が乾燥してくる

裏返す

竹串でチェックする

ガス	IH	ホットプレート	ガス	IH	ホットプレート	ガス	IH	ホットプレート
極弱火	170℃	160℃	極弱火	170℃	160℃	極弱火	170℃	160℃

極弱火のまま、焼いていると、表面が乾燥してくる。生地を流し入れて、ここまでが約5分経過。

プツプツと気泡が増え、表面が乾燥してくる。生地を流し入れて、ここまでが約5分経過。

フライ返しを使って裏返す。熱が弱いと感じたら30秒ほど弱火にしてまた極弱火に戻す。

フライ返しを使って生地を裏返す。温度は同じ状態をキープする。

生地全体が膨らんできたら、竹串を刺して焼き具合をチェックする。裏返してから3～4分。

生地の中央部分を指で押し、固くなっていたら竹串を刺して焼き具合をチェックする。裏返してから4～5分。

IH・ホットプレート・ガス共通

ココがポイント!

BEST!!

大小気泡がたくさん出て、表面が乾燥。この状態になったら裏返す。

IH・ホットプレート・ガス共通

気泡が増え、表面が乾燥してくる。これが裏返す合図。

IH・ホットプレートの場合

ホットプレート、IHはムラなく焼けて、焼き色もきれい。

\ NG /

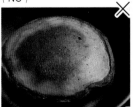

ガスの火が強すぎると焦げてしまう。極弱火で焼いていてもたまに焦げるので注意する。

\ NG /

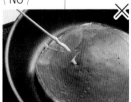

竹串を刺して、焼けていない生地がベッタリ付いてくると、まだ半生状態。160℃、極弱火のまま蓋をして2分ほど焼いて再度竹串でチェックする。

IH・ホットプレート・ガス共通

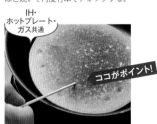

ココがポイント!

竹串を刺して、焼けていない生地が付いていなければできあがり。

基本のパンケーキ
生地の作り方
スフレパンケーキ編

おいしいスフレパンケーキは膨らみが決め手です。ここではふわふわに仕上げる混ぜ方のポイントから、ガス・IH・ホットプレートを使って上手に焼く方法を紹介します。

1 卵黄と卵白を分ける

卵を割るときに卵黄が破れて卵白のボウルに入ると、泡立たなくなるので注意しながら分ける。
※卵黄が1個余るが使用しない。

2 氷水を用意する

卵白を冷やしながら泡立てるために、氷水を入れたボウルを用意する。

3 卵白にレモン汁を加える

魔法ポイント

メレンゲを作るときは、中性になると安定するので、アルカリ性の卵白に酸性のレモン汁を加える。

7 牛乳を加えて混ぜる

卵黄を加えたボウルに牛乳を入れ、泡立て器を使って混ぜ合わせる。

8 よく混ぜる

粉っぽさがなくなり、グラニュー糖のざらつきがなくなるまですり合わせるようによく混ぜる。

9 フライパンまたはホットプレートを温める

ガスの場合

ガスで作る場合、濡れ布巾を用意する。温度が上がりすぎたとき、布巾の上にフライパンを置いて温度を下げる。

10 メレンゲを作る

卵白とレモン汁の入ったボウルにグラニュー糖②を入れ、底を氷水に当てながら、ハンドミキサーを使って泡立てる。

最初はハイパワーで、底の方からすくい上げるように動かして泡立てる。

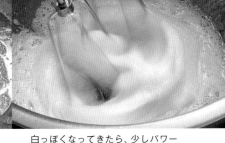

白っぽくなってきたら、少しパワーを落として10秒ほど泡立てる。

材料(直径12cm／3枚／1皿分)

◎ ベース生地
卵黄 —— 1個分
薄力粉 —— 25g
グラニュー糖① —— 13g
ベーキングパウダー —— 1g
牛乳 —— 大さじ1

◎ メレンゲ
卵白 —— 2個分
レモン汁 —— 小さじ¼
グラニュー糖② —— 13g

バター —— 15g

4 冷やす

氷水の入ったボウルに、レモン汁を入れた卵白のボウルの底をあて、卵白を冷やしておく。

5 ベース生地の分量を量る

電子スケールにボウルを置き、薄力粉、グラニュー糖①、ベーキングパウダーを量りながら入れる。

6 卵黄を加える

薄力粉、グラニュー糖①、ベーキングパウダーが入ったボウルに卵黄を加える。

IHの場合

IHにフライパンを置き、温度を170～180℃にし、煙が出てきたら160℃に落としてキープする。

ホットプレートの場合

ホットプレートは熱伝導が遅いため、最初は200℃にし、煙が出てきたら一旦オフにする。

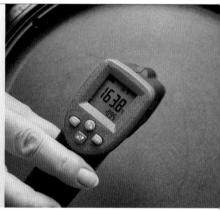

つねに非接触温度計で測り、160～170℃をキープする。

再度ハイパワーにすると、卵白がもこもこと大きくなってくる。そうなったら低速にしてキメをととのえる。

＼完成!!

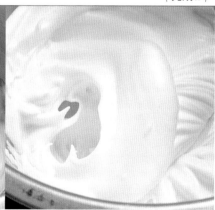

角が立ち、キメが細かく、弾力のあるメレンゲができあがる。

＼NG

✕ 底に卵白が残り、メレンゲに弾力がない状態では、スフレパンケーキは膨らまない。

注意点

メレンゲが水っぽいと、ベース生地と合わせたとき、ゆるい生地になり膨らまずに終わります。だからといって、泡立てすぎればベース生地と混ざらず、ボソボソな食感の生地になります。練習を重ね、ほど良いメレンゲの状態を覚えましょう。

11 ベース生地とメレンゲを混ぜる

入れる	すくい上げる	混ぜる

ベース生地の入ったボウルにメレンゲを一気に入れる。

硬いゴムベラを使い、底からすくい上げるように混ぜる。

ベース生地の黄色い液体とメレンゲの白いかたまりがなくなるまでよく混ぜ合わせる。

魔法ポイント スフレパンケーキの膨らみは、混ぜ方で決まる!

1 片手でボウルを持ち上げ、もう一方の手で硬いゴムベラを持つ。

2 ゴムベラを寝かせた状態にして、底からベース生地をすくい上げながらメレンゲと混ぜる。

3 まるで中華鍋をふっているかのようにボウルとゴムベラを勢いよく動かす。

4 全体がクリーム色になったら、フチに付いている生地も混ぜ込んでまとめる。

\ 完成!! /

メレンゲの泡もつぶれず、なめらかで弾力のある生地ができあがる。

※一番のポイントは、とにかく素早く混ぜること。少々乱暴な動きの方が早く混ざり、メレンゲの泡もつぶれない。ベース生地にメレンゲを入れてから30秒以内で完成させるようにする。

\ NG / ✕

丁寧に混ぜるとメレンゲの泡がつぶれ、ベース生地と混ざり合わなくなる。

\ NG / ✕

ゆっくり丁寧に混ぜると、ベース生地のつぶつぶが残っている。

12 焼く

\ ADVICE /

温度管理が大切なスフレパンケーキを上手に焼くには、非接触温度計が必須です。また、温度が安定しやすいホットプレートをおすすめします。

バターをひく

温まったホットプレートにバターをひく。バターはあらかじめ溶かしておき、刷毛で塗るとムラができない。

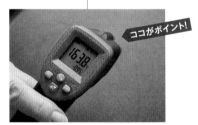

ココがポイント!

バターをひく前に温度を確認する。160〜170℃くらいならOK。もし温度が高いようなら下がるまで待つ。

（注意点）

ベース生地もメレンゲも、作りたてをなるべく早く合わせること。どちらかを作り置きすると失敗の原因になります。そして生地を合わせたらすぐに焼くこと。時間が経つと泡がつぶれ、生地が流れてしまい結果、膨らみません。

生地を落とす

レードルで生地をすくい、まずは1杯ずつ3か所に落とす。

\ NG /

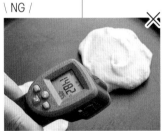

生地を落とすときの温度が150℃より低いと焼ける前に生地がダレてしまうので、150〜170℃になっているかを確認する。

\ NG /

温度が150℃より低いと、生地を落とした直後に横に広がってしまう。これでは膨らまない。

こんもりと盛る

3か所に落としたら、残りの生地をすくって上にこんもりとのせる。

ココがポイント!

生地を落とす段階で、こんもりと高さを出すことができあがりの膨らみ方を左右する。

次ページに続く！

前ページから続く ➡

5分焼く

生地を落とし終えたらキッチンタイマーを5分にセットする。

そのままの状態で5分焼く。

温度をチェック

160～170℃をキープするため、つねに非接触温度計で温度をチェックする。180℃を超えると少し高めなので、つまみを調節して温度を下げる。

少し温度が高いと思ったら（180℃以上）保温にする。

ココがポイント！

またはオフにして温度を下げる。このつけたり消したりする作業が上手に焼けるポイントでもある。

裏返す

フライ返しを使って生地を裏返す。このとき、高いところから落とすのではなく、横に軽く転がすイメージで裏返す。

\ NG /　✕

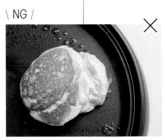

勢いよく裏返すと、生地が割れてしまい、ずれてしまう。

\ NG /　✕

ホットプレートの温度が低すぎると、5分焼いても生状態で、裏返すときに崩れてしまう。

完成!!

蓋をする

生地を裏返したら蓋をして蒸し焼きにする。

ここからキッチンタイマーを5分にセットする。

温度を測る

蓋をして2分ほどしたら、蓋の上から温度を測る。ガラスの蓋の場合、60〜70℃なら中の温度が160℃前後でちょうど良い。

ホットプレートの温度調節はオンかオフで調節をする。保温にセットしてもほうっておくと230℃まで上がってしまうので注意!!

ベタつきをチェック

5分経ったら蓋を開け、焼けているかどうかのチェックをする。スフレパンケーキの場合は、側面を軽く指で触り、生地がベタッと付いてこなければOK。

ふっくらと膨らみ、表面がきつね色にこんがり焼け、側面が乾いたようになる。

\ NG /

蓋をして焼いているとき、温度調節をしないと生焼けか焦げてしまうので注意!

〔 注意点 〕

ガスで焼くときの注意点

スフレパンケーキの膨らみは、低い温度でじっくり中まで焼くことにより、生まれます。そのため、弱火と極弱火の間を行き来するようなイメージで火加減を調節します。ガスの火加減は見た目で判断するので、焼く前に火の大きさを覚えておくと良いでしょう。電気よりガスの方が温度の上がり方が早いので、熱くなりすぎたと感じたら急いで温度を下げる必要があるため、濡れ布巾を用意します。また、スフレパンケーキはとてもやわらかいため、焼いている最中にフライパンを動かすときは、崩れないように細心の注意が必要です。

アレンジ生地を作ってみよう!

✧ 魔法のこだわり生地 ✧

グルテンが苦手な人にもおすすめ

米粉

もっちりした食感なので、お食事系にもピッタリ

ベーシックパンケーキ	スフレパンケーキ
材料(直径20cm／2枚分)	**材料**(直径12cm／3枚／1皿分)
◎ パンケーキ生地 ┌ 米粉 …… 100g │ ベーキングパウダー …… 5g └ グラニュー糖 …… 10g ┌ 卵 …… 1個 │ 牛乳 …… 100ml └ オリーブオイル …… 大さじ1	◎ ベース生地 卵黄 …… 1個分 米粉 …… 25g グラニュー糖① …… 13g ベーキングパウダー …… 1g 牛乳 …… 大さじ1 ◎ メレンゲ 卵白 …… 2個分 レモン汁 …… 小さじ¼ グラニュー糖② …… 13g バター …… 15g
作り方	**作り方**
P12～15「基本の生地の作り方」と同様。粉類と液体類に分け、両方を混ぜ合わせて生地を作る。ガス、IH、ホットプレートで焼く。	P16～21「基本の生地の作り方」と同様。ベース生地とメレンゲに分け、両方を混ぜ合わせて生地を作る。バターをひいてホットプレートで焼く。

歯応えを感じたいお食事系に

全粒粉

プツプツした食感が楽しい

ベーシックパンケーキ	スフレパンケーキ
材料(直径15cm／5枚分)	**材料**(直径12cm／3枚／1皿分)
◎ パンケーキ生地 ┌ 全粒粉 …… 180g │ (全粒粉と薄力粉を半量ずつブレンドしてもOK) │ ベーキングパウダー …… 5g └ 上白糖 …… 30g ┌ 卵 …… 1個 │ 牛乳 …… 150ml └ プレーンヨーグルト …… 50g	◎ ベース生地 卵黄 …… 1個分 全粒粉 …… 25g グラニュー糖① …… 13g ベーキングパウダー …… 1g 牛乳 …… 大さじ1 ◎ メレンゲ 卵白 …… 2個分 レモン汁 …… 小さじ¼ グラニュー糖② …… 13g バター …… 15g
作り方	**作り方**
P12～15「基本の生地の作り方」と同様。粉類と液体類に分け、両方を混ぜ合わせて生地を作る。ガス、IH、ホットプレートで焼く。	P16～21「基本の生地の作り方」と同様。ベース生地とメレンゲに分け、両方を混ぜ合わせて生地を作る。バターをひいてホットプレートで焼く。

大豆の香ばしさがなつかしい

おから

ほろほろした食感が特徴

ベーシックパンケーキ	スフレパンケーキ
材料(直径15cm／5枚分)	**材料**(直径12cm／3枚／1皿分)
◎ パンケーキ生地 ┌ おからパウダー …… 150g │ ベーキングパウダー …… 5g └ 上白糖 …… 30g ┌ 卵 …… 1個 │ 牛乳 …… 150ml └ 絹豆腐 …… 50g	◎ ベース生地 卵黄 …… 1個分 おからパウダー …… 25g グラニュー糖① …… 13g ベーキングパウダー …… 1g 牛乳 …… 大さじ2 ◎ メレンゲ 卵白 …… 2個分 レモン汁 …… 小さじ¼ グラニュー糖② …… 13g バター …… 15g
作り方	**作り方**
P12～15「基本の生地の作り方」と同様。粉類と液体類に分け、両方を混ぜ合わせて生地を作る。ガス、IH、ホットプレートで焼く。	P16～21「基本の生地の作り方」と同様。ベース生地とメレンゲに分け、両方を混ぜ合わせて生地を作る。バターをひいてホットプレートで焼く。

プレーンのパンケーキ生地がおいしく作れるようになったら、材料の分量を調節してアレンジ生地を作ってみましょう。生地自体にフレーバーが付くと、魔法をかけたようにトッピングのバリエーションも増えてきます。

魔法のスーパーフード生地

ベーシックパンケーキ

材料（直径15cm／5枚分）

◎ パンケーキ生地
- 薄力粉 —— 170g
- ベーキングパウダー —— 5g
- スピルリナ —— 13g
- 上白糖 —— 30g
- 卵 —— 1個
- 牛乳 —— 150mℓ
- プレーンヨーグルト —— 50g

作り方

P12～15「基本の生地の作り方」と同様。粉類と液体類に分け、両方を混ぜ合わせて生地を作る。ガス、IH、ホットプレートで焼く。

スフレパンケーキ

材料（直径12cm／3枚／1皿分）

◎ ベース生地
- 卵黄 —— 1個分
- 薄力粉 —— 25g
- スピルリナ —— 3g
- グラニュー糖① —— 15g
- ベーキングパウダー —— 1g
- 牛乳 —— 大さじ1

◎ メレンゲ
- 卵白 —— 2個分
- レモン汁 —— 小さじ¼
- グラニュー糖② —— 13g
- バター —— 15g

作り方

P16～21「基本の生地の作り方」と同様。ベース生地とメレンゲに分け、両方を混ぜ合わせて生地を作る。バターをひいてホットプレートで焼く。

免疫力を高め、体を丈夫にする

スピルリナ

無味無臭だから気にならない

ベーシックパンケーキ

材料（直径15cm／5枚分）

◎ パンケーキ生地
- 薄力粉 —— 180g
- ベーキングパウダー —— 5g
- ゴジベリー —— 15g
- 上白糖 —— 30g
- 卵 —— 1個
- 牛乳 —— 150mℓ
- プレーンヨーグルト —— 50g

作り方

P12～15「基本の生地の作り方」と同様。粉類と液体類に分け、両方を混ぜ合わせて生地を作る。ガス、IH、ホットプレートで焼く。

スフレパンケーキ

材料（直径12cm／3枚／1皿分）

◎ ベース生地
- 卵黄 —— 1個分
- 薄力粉 —— 25g
- ゴジベリー —— 10g
- グラニュー糖① —— 13g
- ベーキングパウダー —— 1g
- 牛乳 —— 大さじ1

◎ メレンゲ
- 卵白 —— 2個分
- レモン汁 —— 小さじ¼
- グラニュー糖② —— 13g
- バター —— 15g

作り方

P16～21「基本の生地の作り方」と同様。ベース生地とメレンゲに分け、両方を混ぜ合わせて生地を作る。バターをひいてホットプレートで焼く。

不老長寿の薬になる木の実

ゴジベリー（クコの実）

時々口にあたる食感が新しい

ベーシックパンケーキ

材料（直径15cm／5枚分）

◎ パンケーキ生地
- 薄力粉 —— 170g
- ベーキングパウダー —— 5g
- アサイー —— 13g
- 上白糖 —— 30g
- 卵 —— 1個
- 牛乳 —— 150mℓ
- プレーンヨーグルト —— 50g

作り方

P12～15「基本の生地の作り方」と同様。粉類と液体類に分け、両方を混ぜ合わせて生地を作る。ガス、IH、ホットプレートで焼く。

スフレパンケーキ

材料（直径12cm／3枚／1皿分）

◎ ベース生地
- 卵黄 —— 1個分
- 薄力粉 —— 25g
- アサイー —— 3g
- グラニュー糖① —— 13g
- ベーキングパウダー —— 1g
- 牛乳 —— 大さじ1

◎ メレンゲ
- 卵白 —— 2個分
- レモン汁 —— 小さじ¼
- グラニュー糖② —— 13g
- バター —— 15g

作り方

P16～21「基本の生地の作り方」と同様。ベース生地とメレンゲに分け、両方を混ぜ合わせて生地を作る。バターをひいてホットプレートで焼く。

抗酸化作用が高く、貧血にも効果的

アサイー

ほんのりベリーの風味がある生地

魔法のフレーバー生地

大人の朝食にピッタリ

コーヒー

苦味と香りがおいしさを引き立てる

ベーシックパンケーキ

材料（直径15cm／5枚分）

◎ パンケーキ生地
- 薄力粉 …… 170g
- ベーキングパウダー …… 5g
- コーヒーパウダー（インスタント）…… 13g
- 上白糖 …… 30g
- 卵 …… 1個
- 牛乳 …… 150㎖
- プレーンヨーグルト …… 50g

作り方

P12〜15「基本の生地の作り方」と同様。粉類と液体類に分け、両方を混ぜ合わせて生地を作る。ガス、IH、ホットプレートで焼く。

スフレパンケーキ

材料（直径12cm／3枚／1皿分）

◎ ベース生地
- 卵黄 …… 1個分
- 薄力粉 …… 25g
- コーヒーパウダー（インスタント）…… 3g
- グラニュー糖① …… 13g
- ベーキングパウダー …… 1g
- 牛乳 …… 大さじ1

◎ メレンゲ
- 卵白 …… 2個分
- レモン汁 …… 小さじ¼
- グラニュー糖② …… 13g

バター …… 15g

作り方

P16〜21「基本の生地の作り方」と同様。ベース生地とメレンゲに分け、両方を混ぜ合わせて生地を作る。バターをひいてホットプレートで焼く。

子どもから大人まで愛される味

ココア

チョコレートシロップをかけるとおいしさ倍増

ベーシックパンケーキ

材料（直径15cm／5枚分）

◎ パンケーキ生地
- 薄力粉 …… 150g
- ベーキングパウダー …… 5g
- ココアパウダー …… 25g
- 上白糖 …… 30g
- 卵 …… 1個
- 牛乳 …… 150㎖
- プレーンヨーグルト …… 50g

作り方

P12〜15「基本の生地の作り方」と同様。粉類と液体類に分け、両方を混ぜ合わせて生地を作る。ガス、IH、ホットプレートで焼く。

スフレパンケーキ

材料（直径12cm／3枚／1皿分）

◎ ベース生地
- 卵黄 …… 1個分
- 薄力粉 …… 25g
- ココアパウダー …… 13g
- グラニュー糖① …… 13g
- ベーキングパウダー …… 1g
- 牛乳 …… 大さじ1

◎ メレンゲ
- 卵白 …… 2個分
- レモン汁 …… 小さじ¼
- グラニュー糖② …… 13g

バター …… 15g

作り方

P16〜21「基本の生地の作り方」と同様。ベース生地とメレンゲに分け、両方を混ぜ合わせて生地を作る。バターをひいてホットプレートで焼く。

アフタヌーンティーにおすすめ

シナモン

エキゾチックな香りがクセになる生地

ベーシックパンケーキ

材料（直径15cm／5枚分）

◎ パンケーキ生地
- 薄力粉 …… 180g
- ベーキングパウダー …… 5g
- シナモンパウダー …… 7g
- 上白糖 …… 30g
- 卵 …… 1個
- 牛乳 …… 150㎖
- プレーンヨーグルト …… 50g

作り方

P12〜15「基本の生地の作り方」と同様。粉類と液体類に分け、両方を混ぜ合わせて生地を作る。ガス、IH、ホットプレートで焼く。

スフレパンケーキ

材料（直径12cm／3枚／1皿分）

◎ ベース生地
- 卵黄 …… 1個分
- 薄力粉 …… 25g
- シナモンパウダー …… 2g
- グラニュー糖① …… 13g
- ベーキングパウダー …… 1g
- 牛乳 …… 大さじ2

◎ メレンゲ
- 卵白 …… 2個分
- レモン汁 …… 小さじ¼
- グラニュー糖② …… 13g

バター …… 15g

作り方

P16〜21「基本の生地の作り方」と同様。ベース生地とメレンゲに分け、両方を混ぜ合わせて生地を作る。バターをひいてホットプレートで焼く。

魔法のスパイス生地

ベーシックパンケーキ
材料（直径15cm／5枚分）

◎ パンケーキ生地
- 薄力粉 ······ 180g
- ベーキングパウダー ······ 5g
- 黒コショウ（挽いたもの）······ 3g
- 上白糖 ······ 30g
- 卵 ······ 1個
- 牛乳 ······ 150mℓ
- プレーンヨーグルト ······ 50g

作り方

P12～15「基本の生地の作り方」と同様。粉類と液体類に分け、両方を混ぜ合わせて生地を作る。ガス、IH、ホットプレートで焼く。

スフレパンケーキ
材料（直径12cm／3枚／1皿分）

◎ ベース生地
- 卵黄 ······ 1個分
- 薄力粉 ······ 25g
- 黒コショウ（挽いたもの）······ 1g
- グラニュー糖① ······ 13g
- ベーキングパウダー ······ 1g
- 牛乳 ······ 大さじ2

◎ メレンゲ
- 卵白 ······ 2個分
- レモン汁 ······ 小さじ¼
- グラニュー糖② ······ 13g
- バター ······ 15g

作り方

P16～21「基本の生地の作り方」と同様。ベース生地とメレンゲに分け、両方を混ぜ合わせて生地を作る。バターをひいてホットプレートで焼く。

香りと刺激が特徴
黒コショウ
ピリッとした風味が魅力的、でも入れすぎに注意！

ベーシックパンケーキ
材料（直径15cm／5枚分）

◎ パンケーキ生地
- 薄力粉 ······ 170g
- ベーキングパウダー ······ 5g
- パプリカパウダー ······ 13g
- 上白糖 ······ 30g
- 卵 ······ 1個
- 牛乳 ······ 150mℓ
- プレーンヨーグルト ······ 50g

作り方

P12～15「基本の生地の作り方」と同様。粉類と液体類に分け、両方を混ぜ合わせて生地を作る。ガス、IH、ホットプレートで焼く。

スフレパンケーキ
材料（直径12cm／3枚／1皿分）

◎ ベース生地
- 卵黄 ······ 1個分
- 薄力粉 ······ 25g
- パプリカパウダー ······ 3g
- グラニュー糖① ······ 13g
- ベーキングパウダー ······ 1g
- 牛乳 ······ 大さじ2

◎ メレンゲ
- 卵白 ······ 2個分
- レモン汁 ······ 小さじ¼
- グラニュー糖② ······ 13g
- バター ······ 15g

作り方

P16～21「基本の生地の作り方」と同様。ベース生地とメレンゲに分け、両方を混ぜ合わせて生地を作る。バターをひいてホットプレートで焼く。

赤く色付くパンケーキ
パプリカ
甘い香りが子どもにも人気

ベーシックパンケーキ
材料（直径15cm／5枚分）

◎ パンケーキ生地
- 薄力粉 ······ 180g
- ベーキングパウダー ······ 5g
- ガラムマサラパウダー ······ 7g
- 上白糖 ······ 30g
- 卵 ······ 1個
- 牛乳 ······ 150mℓ
- プレーンヨーグルト ······ 50g

作り方

P12～15「基本の生地の作り方」と同様。粉類と液体類に分け、両方を混ぜ合わせて生地を作る。ガス、IH、ホットプレートで焼く。

スフレパンケーキ
材料（直径12cm／3枚／1皿分）

◎ ベース生地
- 卵黄 ······ 1個分
- 薄力粉 ······ 25g
- ガラムマサラパウダー ······ 3g
- グラニュー糖① ······ 13g
- ベーキングパウダー ······ 1g
- 牛乳 ······ 大さじ2

◎ メレンゲ
- 卵白 ······ 2個分
- レモン汁 ······ 小さじ¼
- グラニュー糖② ······ 13g
- バター ······ 15g

作り方

P16～21「基本の生地の作り方」と同様。ベース生地とメレンゲに分け、両方を混ぜ合わせて生地を作る。バターをひいてホットプレートで焼く。

スパイシーな香りがお食事に最適
ガラムマサラ
カレーはもちろん、チーズをのせてもおいしい

ベーシックパンケーキ生地で
魔法のパンケーキミックス粉を作ってストック!

食べたいときにすぐ作れるから常備して手間を省きましょう

しっとり系、ふわふわ系、アレンジ生地(P22〜25参照)など、好みの仕上がりを想定した自分だけのミックス粉を常備しておくと便利です。すぐに作れて、すごくおいしい魔法のパンケーキミックス粉を作り置きしましょう。

基本の材料

薄力粉 —— 180g
上白糖 —— 30g
ベーキングパウダー —— 5g

**しっとり系
アレンジ材料**

薄力粉 —— 180g
ココナッツミルクパウダー —— 30g
上白糖 —— 30g
ベーキングパウダー —— 5g

**ふわふわ系
アレンジ材料**

薄力粉 —— 180g
バターミルクパウダー —— 30g
上白糖 —— 30g
ベーキングパウダー —— 5g

このパンケーキミックス粉で
作る場合の液体類の分量

卵 —— 1個
牛乳 —— 50g
プレーンヨーグルト —— 50g

1 材料を量る

電子スケールにボウルを置き、材料を入れて量る。

2 混ぜる

泡立て器を使って底の方からすくい上げるようによく混ぜる。

3 ふるう

別のボウルにザルを置き、混ぜ合わせた粉類を入れてふるう。

4 また混ぜる

上白糖が底にたまらないように、よく混ぜる。

5 袋に入れる

しっかり密封できる保存袋に入れる。

6 保存する

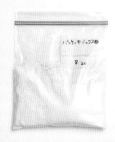

袋に作った日にちとミックス粉の名前(しっとり系パンケーキミックス粉など)を書き、冷蔵庫で保存する。作った日にちから3ヶ月は保存可能。

PART

2

可愛いトッピングのパンケーキにチャレンジ！

ベーシック
パンケーキ編

基本のパンケーキ生地が焼けるようになったら、様々なアレンジにも挑戦しましょう。カラフルなフルーツやホイップクリームを使った、カフェで人気のフォトジェニックなトッピングを分かりやすくしっかりと解説します。また、オリジナルのソースもマスターして、あなただけの特別なパンケーキを作りましょう。

BASIC PANCAKE

ホイップクリーム&フルーツたっぷり ハワイアンスタイルパンケーキ

パンケーキブームの火付け役となったハワイアンスタイルパンケーキ。ダイナミックなホイップクリームやカラフルなフルーツを盛りだくさんにトッピングしたヘルシー系まで、目にも麗しい盛り付けがスイーツの新ジャンルとなりました。ここではそんなハワイアンスタイルを一皿に全部取り入れた、よくばりパンケーキを提案します。

作る順番

1 フルーツをカットする ── **2** パンケーキ生地を混ぜる ── **3** パンケーキを焼く ── **4** ホイップクリームを作る ── **5** 盛り付ける

材料（直径20cm／3枚／1皿分）

◎ フルーツ
イチゴ …… 4個
バナナ …… 1/2本
マンゴー …… 1/2個
ドラゴンフルーツ（ピタヤ） …… 1/4個
オレンジ …… 1/4個

◎ パンケーキ生地
- 薄力粉 …… 180g
- ベーキングパウダー …… 5g
- 上白糖 …… 30g
- 卵 …… 1個
- 牛乳 …… 150ml
- プレーンヨーグルト …… 50g

◎ ホイップクリーム
生クリーム …… 200ml
グラニュー糖 …… 25g
バニラエッセンス …… 3滴

◎ トッピング
ブルーベリー …… 12粒
粉砂糖 …… 少々
メープルシロップ …… 大さじ2
デンファレ …… 1輪
ミント …… 少々

下準備

- 薄力粉、ベーキングパウダー、上白糖は合わせてふるっておく。
- 卵、牛乳、プレーンヨーグルトは作り始める10分前に冷蔵庫から出しておく。
- フルーツはよく洗い、水気を切っておく。
- 生クリームはホイップする寸前まで冷蔵庫で冷やす。

詳しい作り方は次ページ！

Q ハワイっぽく見せるにはどうすればいい？

ハワイのイメージといえば、青い海に降り注ぐ太陽、そしてトロピカルフルーツ。山盛りのホイップクリームも大切ですが、まずはカラフルなフルーツを選び、華やかな盛り付けにします。生クリームはしっかりホイップすることで高さをキープ。最後にデンファレを飾ればハワイらしくゴージャスに見えます。

※ハワイアンの料理によく使われている花は胡蝶蘭の一種でデンファレといいます。食用のものなら食べることができます。

1 フルーツをカットする（カットしたらラップをかけて冷蔵庫で冷やす）

1 イチゴのヘタを取る。

2 縦に半分に切る。

3 バナナは皮をむき、輪切りにする。

2 パンケーキ生地を混ぜる

\ AFTER /

1 薄力粉、ベーキングパウダー、上白糖を合わせてふるったものを大きめのボウルに入れる。

2 別のボウルに卵、牛乳、プレーンヨーグルトを入れてよく混ぜる。

3 1のボウルに2を少しずつ入れながら混ぜ合わせる。粉っぽさがなくなるまでよく混ぜる。

4 ホイップクリームを作る

5 盛り付ける

1 ボウルに生クリームとグラニュー糖、バニラエッセンスを入れ、泡立て器で角が立つまでしっかり泡立てる。

2 口金を付けた絞り袋にホイップクリームを入れる。

1 皿の中央より、少しずらした位置にパンケーキを重なるように置く。

4 マンゴーは皮をむいて種を取り除き、2cm角に切る。

5 ドラゴンフルーツは縦半分に切り、皮をむいて実を食べやすい大きさに切る。

6 オレンジは皮付きのままくし切りにする。

③ **パンケーキを焼く**

1 弱火または160〜170℃に設定し、温めたフライパンに生地の1枚分（全体の3分の1）を流し入れる。

2 表面にプツプツと穴があいたら裏返す。

3 弱火または160〜170℃のまま3〜4分焼き、竹串で焼き具合を確認する。生地が付いてこなければ取り出し、残りの生地も焼く。

✨魔法ポイント

2 パンケーキの横にオレンジを置き、その他のカットしたフルーツとブルーベリーを全体にちりばめる。パンケーキの横にホイップクリームをうず高く絞る。

3 全体にかからないように、まばらに粉砂糖をふると、おいしそうに見える。

4 仕上げにデンファレとミントを飾り、メープルシロップを添える。

＼アレンジ／

P28〜
ホイップクリーム&
フルーツたっぷり
ハワイアンスタイル
パンケーキの
アレンジ版

ホイップクリーム&チョコバナナ パンケーキ

スイーツ好きにとって、王道な組み合わせといえばチョコレートとバナナ。酸味がないので、酸っぱいものが苦手な方でも食べられます。バニラアイスを添えることで、濃厚なおいしさが口の中で弾けます。

材料（直径20㎝／3枚／1皿分）

◎ パンケーキ生地
- 薄力粉 …… 180g
- ベーキングパウダー …… 5g
- 上白糖 …… 30g
- 卵 …… 1個
- 牛乳 …… 150㎖
- プレーンヨーグルト …… 50g

◎ ホイップクリーム
- 生クリーム …… 100㎖
- グラニュー糖 …… 12g
- バニラエッセンス …… 3滴

◎ トッピング
- バナナ …… 2本
- バニラアイス …… 50g
- チョコレートソース（市販） …… 大さじ3
- 粉砂糖 …… 少々
- ミント …… 少々

下準備

- 薄力粉、ベーキングパウダー、上白糖は合わせてふるっておく。
- 卵、牛乳、プレーンヨーグルトは作り始める10分前に冷蔵庫から出しておく。
- 生クリームはホイップする寸前まで冷蔵庫で冷やす。

作り方

1 パンケーキを作る。P30〜31の ② 〜 ③ を参照し、同じようにパンケーキを3枚焼く。

2 ホイップクリームを作る。ボウルに生クリーム、グラニュー糖、バニラエッセンスを入れ、泡立て器で角が立つまで泡立てる。

3 口金を付けた絞り袋にホイップクリームを入れる。

4 バナナの皮をむき、2㎜の薄さに斜め切りにする（ PHOTO 1 ）。

5 皿にパンケーキを重ねて置く。

6 一番上のパンケーキにバナナを並べてのせる（ PHOTO 2 ）。

7 中央にバニラアイスをのせ、ホイップクリームを絞る。

8 チョコレートソースをかけ、粉砂糖をふり、ミントを飾る。

PHOTO 1

刃が薄くて小ぶりのナイフがフルーツを切るのに便利。

PHOTO 2

バナナは切り口の面積が大きい方がパンケーキの上で安定するので、輪切りより斜め切りの方が良い。

Q ホットケーキとパンケーキの違いは？

昔日本では、ケーキといえば冷たいものだったので、海外からやって来た温かいパンケーキをホットケーキと名付けたそうです。ちなみにパンケーキのパンはフライパンのこと。フライパンで焼くからパンケーキといいます。生地の材料や作り方は同じで、違いは呼び方だけなのです。

紫いもソースのパンケーキ

インパクトのある紫色のソースがたっぷりかかったパンケーキ。発色の良い紫いもパウダーを使用しているので、色は自然の鮮やかさ。生地自体にも同じパウダーを入れ、しっとり仕上げました。ソースをたっぷりかけても甘さ控えめなので、さらっと食べられます。朝食はもちろん、おやつにもおすすめのパンケーキです。

作る順番

1 イチゴをカットする　2 紫いもソースを作る　3 パンケーキ生地を混ぜる　4 パンケーキを焼く　5 盛り付ける

材料 (直径15cm／3枚／1皿分)

◎ トッピング
イチゴ …… 2個
ブルーベリー …… 4粒
ラズベリー …… 4個

◎ 紫いもソース
ココナッツミルク …… 200㎖
紫いもパウダー …… 25g
はちみつ …… 40g
コーンスターチ …… 5g

◎ パンケーキ生地
薄力粉 …… 90g
ベーキングパウダー …… 3g
グラニュー糖 …… 15g
紫いもパウダー …… 10g
ココナッツミルクパウダー …… 10g
卵 …… ½個
牛乳 …… 90㎖
プレーンヨーグルト …… 25g

ミント …… 少々

下準備

● 薄力粉、ベーキングパウダー、グラニュー糖、紫いもパウダー、ココナッツミルクパウダーは合わせてふるっておく。
● 卵、牛乳、プレーンヨーグルトは作り始める10分前に冷蔵庫から出しておく。
● フルーツはよく洗い、水気を切っておく。

詳しい作り方は次ページ！

Q やさしい甘さを出すにはどうすればいい？

ここではパンケーキ生地に使う砂糖はグラニュー糖を使用していますが、やさしい味を出したい場合はココナッツシュガーをおすすめします。ココナッツシュガーとは、ココナッツの花蜜を煮詰めて作ったものでカリウムやマグネシウムといったミネラルが豊富。ほんのりした甘さでココナッツ特有の香りや味はありません。

① イチゴをカットする（カットしたらラップをかけて他のフルーツと一緒に冷蔵庫で冷やす）

V字にナイフを入れる

✦魔法✦
ポイント

1 イチゴのヘタの右側から斜め中央に5mmほどナイフを入れて外す。左側からも同じように斜め中央に5mmほどナイフを入れる。

2 ヘタを取る。

3 V字にへこんでいる場所が横になるようにイチゴを立て、上から縦に切るとハート形のイチゴができあがり。これだけでも可愛く見える。

③ パンケーキ生地を混ぜる

1 薄力粉、ベーキングパウダー、グラニュー糖、紫いもパウダー、ココナッツミルクパウダーを合わせてふるったものを大きめのボウルに入れる。

2 別のボウルに卵、牛乳、プレーンヨーグルトを入れてよく混ぜる。

3 1のボウルに2を少しずつ入れながら混ぜ合わせる。

4 粉っぽさがなくなるまでよく混ぜる。

② 紫いもソースを作る

1 鍋にソースの材料を全て入れ、よく混ぜ合わせる。

2 粉類が溶けて馴染んできたら弱火にかける。

3 とろみが出てきたら、そのまま2分ほど煮込み、火から下ろして常温で冷ます。

④ パンケーキを焼く

⑤ 盛り付ける

1 弱火または160〜170℃に設定し、温めたフライパンに生地の1枚分（全体の3分の1）を流し入れる。

2 表面にプツプツと穴があいたら裏返す。

3 弱火または160〜170℃のまま3〜4分焼き、竹串で焼き具合を確認する。生地が付いてこなければ取り出し、残りの生地も2枚焼く。

1 皿にパンケーキを3枚重ねて置き、紫いもソースをたっぷりかける。横にフルーツを添え、ミントを飾る。

アップルシナモンの
アップサイドダウンパンケーキ

アップサイドダウンケーキとは、「裏返すケーキ」という意味で、ケーキ型の底に果物を並べて焼いたものをひっくり返し、果物を上にして盛り付けます。オーブンで焼く場合は時間のかかるこのケーキも、パンケーキならフライパンひとつで短時間に仕上がります。おいしく作るコツは、リンゴをしっかりキャラメリゼすることです。

作る順番

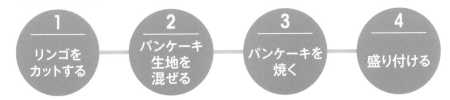

| 1 リンゴをカットする | 2 パンケーキ生地を混ぜる | 3 パンケーキを焼く | 4 盛り付ける |

材料（直径18cm／1枚／1皿分）

リンゴ ⋯⋯ 1個
塩水（水400mℓに塩小さじ $\frac{1}{2}$）⋯⋯ 400mℓ

◎ パンケーキ生地

薄力粉 ⋯⋯ 60g
ベーキングパウダー ⋯⋯ 2g
上白糖 ⋯⋯ 15g
卵 ⋯⋯ $\frac{1}{2}$個
牛乳 ⋯⋯ 50mℓ

◎ トッピング

グラニュー糖 ⋯⋯ 25g
バター ⋯⋯ 15g
シナモン（パウダー） ⋯⋯ 5g
バニラアイス ⋯⋯ 50g
ミント ⋯⋯ 少々

下準備

● 薄力粉、ベーキングパウダー、上白糖は合わせてふるっておく。
● 卵、牛乳は作り始める10分前に冷蔵庫から出しておく。
● 塩水を作っておく。
● バターは耐熱容器などに入れ、600Wの電子レンジで20秒加熱し溶かしておく。

詳しい作り方は次ページ！

Q キャラメリゼとは？

キャラメリゼとは、糖類を溶かして焦がし、キャラメルのような状態にすること。焦げ色や香ばしさ、ほろ苦さが出てスイーツを大人っぽい味にします。また、リンゴは半生なのに表面だけ焦げてしまう、そんな声をよく聞きます。だいたいの原因は火が強いことと、フライパンにあります。リンゴのキャラメリゼだけでなく、パンケーキ作り全般にいえることですが、フライパンは厚みのある、少し重たいと感じるくらいのものが適しています。温度を一定に保ち、均等に火が入るので、初心者にも上手に焼くことができます。

1 リンゴをカットする

1 リンゴを縦に半分に切る。

2 芯を取る。

3 皮のまま縦に、2mmほどに薄くスライスする。

2 別のボウルに卵、牛乳を入れてよく混ぜる。

3 1のボウルに2を少しずつ入れながら混ぜ合わせる。

4 粉っぽさがなくなるまでよく混ぜる。

魔法ポイント

4 蓋を開け、リンゴにグラニュー糖をふり、バターをかける。こうすることで、リンゴがよりおいしくなる。

5 パンケーキを裏返し、蓋をして弱火または160〜170℃のまま2分ほど焼く。

6 蓋を外し、時々フライパンを軽くゆすりながら、そのままの温度で4〜5分焼く。

4 5分塩水に漬ける。

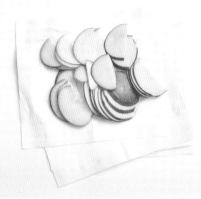

5 キッチンペーパーなどで水気を
ふきとる。

② パンケーキ生地を混ぜる

1 薄力粉、ベーキングパウダー、
上白糖を合わせてふるったものを大
きめのボウルに入れる。

③ パンケーキを焼く

1 弱火または160〜170℃に設定
し、温めたフライパンに生地を流し
入れる。

2 表面にリンゴを敷き詰める。

3 蓋をして3分焼く。

④ 盛り付ける

7 竹串で確認をして、生地が焼け
ていたらリンゴが上になるように取
り出す。

1 全体にシナモンパウダーをふりかける。バニラアイスをのせ、ミントを飾る。

\ アレンジ /

P38 ～
アップルシナモンの
アップサイドダウン
パンケーキの
アレンジ版

パイナップルココナッツの
アップサイドダウンパンケーキ

トロピカルフルーツの代表的存在のパイナップル。香りが良く、甘くておいしいパイナップルは、水分が多いため焼き菓子には向きません。そこで思いついたのが、このパイナップルの缶詰を使ったパンケーキ。ほど良い糖分はキャラメリゼにピッタリです。

材料 (直径20cm ／ 1枚／ 1皿分)

パイナップル（缶詰）…… 1/2缶

◎ パンケーキ生地

薄力粉 …… 60g
ベーキングパウダー …… 2g
上白糖 …… 15g

卵 …… 1/2個
牛乳 …… 50㎖

◎ トッピング

ココナッツファイン …… 25g
グラニュー糖 …… 15g
バター …… 15g
ミント …… 少々

下準備

● 薄力粉、ベーキングパウダー、上白糖は合わせてふるっておく。
● 卵、牛乳は作り始める10分前に冷蔵庫から出しておく。
● バターは耐熱容器などに入れ、600Wの電子レンジで20秒加熱し溶かしておく。

作り方

1 パイナップルは水気を切り、2～3㎜程度に横半分に切る。

2 P40～41の❷を参照してパンケーキ生地を作る。

3 弱火または160～170℃に設定し、温めたフライパンに生地を流し入れる。

4 表面にパイナップルを半量敷き詰め、蓋をして3分焼く（ PHOTO 1 ）。

5 蓋を開け、パイナップルにココナッツファイン大さじ1とグラニュー糖をふる（ PHOTO 2 ）。

6 バターをパイナップルにかける。

7 パンケーキを裏返して2分ほど焼く。

8 時々フライパンを軽くゆすりながら、4～5分焼く。

9 竹串を刺し焼き具合をチェックする。焼けていたらパイナップルが上になるように取り出す。

10 皿にパンケーキを置き、ココナッツファイン大さじ1をふり、ミントを飾る。

Q 生のパイナップルはお菓子の材料には向かない？

生のパイナップルはとてもジューシーでおいしいですよね。でも水分が多いために焼き菓子などに入れると、思うように仕上がりません。また、生のパイナップルにはプロテアーゼという、たんぱく質を分解する酵素が入っているのでゼラチンがうまく固まりません。しかし、加熱処理をすると酵素が失われるので焼き菓子、ゼリーなどを作るときは、缶詰のパイナップルを使うと良いでしょう。

PHOTO 1

パイナップルは輪切りをきれいに並べると焼き上がりが可愛い。

PHOTO 2

グラニュー糖のふり方は、少しムラがあっても焼いているうちに全体に回るので大丈夫。

栗とクルミのふわとろモンブラン パンケーキ

不動の人気を誇るモンブランをパンケーキにしました。市販のマロンペーストを使うので簡単にクリーミーな
マロンクリームを作ることができます。パンケーキ生地も卵を別立てし、ふわふわ感をより一層、強調しました。
濃厚なマロンクリームを絡めて食べれば、まるでパティシエが作る高級なケーキのよう。是非お試しください！

作る順番

| 1 マロンクリームを作る | 2 パンケーキ生地を混ぜる | 3 卵白を泡立て生地を作る | 4 パンケーキを焼く | 5 盛り付ける |

材料 (直径20cm／3枚／1皿分)

生クリーム …… 50㎖
グラニュー糖 …… 5g
マロンペースト(市販) …… 100g

◎ パンケーキ生地

薄力粉 …… 80g
ベーキングパウダー …… 3g
上白糖 …… 15g

卵 …… 1個
牛乳 …… 80㎖
プレーンヨーグルト …… 25g

◎ トッピング

粉砂糖 …… 少々
栗の甘露煮(4等分にする) …… 2個分
クルミ(4等分にする) …… 2個分
ミント …… 少々

下準備

- 薄力粉、ベーキングパウダー、上白糖は合わせてふるっておく。
- 牛乳、プレーンヨーグルトは作り始める10分前に冷蔵庫から出しておく。
- 卵は卵黄と卵白に分け、卵白は泡立てる寸前まで冷蔵庫で冷やす。
- 生クリームはホイップする寸前まで冷蔵庫で冷やす。

詳しい作り方は次ページ！

Q いつものパンケーキをもっとふっくらさせるには？

ベーシックなパンケーキの食感は粉の選び方でも左右しますが、これは何度
も作ってみて分かること。てっとり早くふわふわな生地にしたい場合は卵を
卵黄と卵白に分け、卵白を泡立ててメレンゲを作ります。メレンゲを生地に
入れることにより、ふわっとした食感が出るので、スフレパンケーキまでは
いかなくても、やわらかいパンケーキになります。

1 マロンクリームを作る

1 ボウルに生クリームとグラニュー糖を入れ、泡立て器で角が立つまでしっかり泡立てる。

2 別のボウルにマロンペーストを入れ、ホイップクリームの半量を加えてよく混ぜ合わせる。

3 口金を付けた絞り袋にマロンクリームを入れる。

3 卵白を泡立て生地を作る

3 1のボウルに2を少しずつ入れながら混ぜ合わせ、生地のベースを作る。

1 ボウルに卵白を入れ、底を氷水に当てる。

2 角が立つまでしっかり泡立て、メレンゲを作る。

5 盛り付ける

3 弱火または160〜170℃のまま3〜4分焼き、竹串で焼き具合を確認する。生地が付いてこなければ取り出し、残りの生地も焼く。

1 皿にパンケーキを3枚重ねて置く。

2 パンケーキ全体にマロンクリームを絞る。

② パンケーキ生地を混ぜる

4 口金を付けた絞り袋に残りのホ
イップクリームを入れる。

1 薄力粉、ベーキングパウダー、
上白糖を合わせてふるったものを大
きめのボウルに入れる。

2 別のボウルに卵黄、牛乳、プレー
ンヨーグルトを入れてよく混ぜる。

魔法ポイント

④ パンケーキを焼く

3 生地のベースにメレンゲを入
れ、素早く混ぜ合わせる。

1 弱火または160〜170℃に設定
し、温めたフライパンに生地の1枚
分(全体の3分の1)を流し入れる。

2 表面にプツプツと穴があいたら
裏返す。

3 中央にホイップクリームを絞る。

4 栗の甘露煮をのせる。クルミをちらし、粉砂糖をふり、ミントを飾る。

パンプキンクリーム
パンケーキ

アレンジ

P44〜
栗とクルミの
ふわとろモンブラン
パンケーキの
アレンジ版

こっくりとしたカボチャの自然な甘みを生かしたパンプキンクリームは、プリンやアイスなど、パンケーキ以外のスイーツにも合います。また、ドライフルーツと合わせ、パンに塗っても格別のおいしさです。

材料（直径15cm／3枚／1皿分）

カボチャ —— 200g
生クリーム —— 100㎖
グラニュー糖 —— 25g

◎ パンケーキ生地

薄力粉 —— 80g
ベーキングパウダー —— 3g
上白糖 —— 15g

卵 —— 1個
牛乳 —— 80㎖
プレーンヨーグルト —— 25g

◎ トッピング

ココアパウダー —— 少々
パンプキンシード —— 少々
レーズン —— 少々

下準備

●薄力粉、ベーキングパウダー、上白糖は合わせてふるっておく。
●牛乳、プレーンヨーグルトは作り始める10分前に冷蔵庫から出しておく。
●卵は卵黄と卵白に分け、卵白は泡立てる寸前まで冷蔵庫で冷やす。
●生クリームはホイップする寸前まで冷蔵庫で冷やす。

作り方

1 パンプキンクリームを作る。カボチャをひと口大に切って鍋に入れ、ひたひたの水を加えて中火にかけ、5分ほど茹でる。

2 竹串がカボチャにスーッと通るようになったらザルに上げ、トッピング用に少しとっておく。残りは皮をむいてボウルに入れ、マッシャーなどでつぶしてから裏ごしをし、冷蔵庫に入れて冷やす。

3 別のボウルに生クリームとグラニュー糖を入れ、泡立て器で角が立つまでしっかり泡立てる。

4 カボチャが入っているボウルに**3**のホイップクリームを⅔ほど入れてよく混ぜ合わせる。

5 **4**のパンプキンクリームと残りのホイップクリームをそれぞれ口金を付けた絞り袋に入れる。

6 パンケーキを作る。P46〜47の**2**〜**4**を参照し、同じようにパンケーキを3枚焼く。

7 皿にパンケーキを3枚重ねて置く（PHOTO 1）。

8 パンケーキ全体にパンプキンクリームを絞る（PHOTO 2）。

9 中央にホイップクリームを絞り、**2**でとっておいたトッピング用のカボチャをのせ、ココアパウダーをふる。パンプキンシードとレーズンをちらす。

Q なめらかに作るにはどうすればいい？

カボチャは繊維の多い野菜なので、ゆでてつぶしただけではなめらかになりません。冷めるとカボチャが硬くなるので、熱いうちに裏ごしをします。このひと手間を加えると、口当たりの良いなめらかなクリームになります。

PHOTO 1

パンケーキは少しずらして重ねると、絞ったクリームがまっすぐ皿に落ちずに側面にもかかる。

PHOTO 2

ここでは同じ方向に行き来して絞っているが、丸く円を描くように絞ってもOK。

焼きバナナとハニーナッツの
しっとりパンケーキ

香ばしい焼きバナナにやさしい甘さのハニーナッツが合うパンケーキ。絹豆腐を入れ、しっとりふんわりした生地に仕上げました。この生地は時間が経っても硬くならないので、翌日の朝食にもぴったり。スープやサラダなどにも合います。

作る順番

| 1 パンケーキ生地を混ぜる | 2 パンケーキを焼く | 3 バナナを切る | 4 バナナを焼く | 5 盛り付ける |

材料 (直径20㎝／2枚／1皿分)

◎ ハニーナッツ
はちみつ …… 100㎖
ミックスナッツ …… 50g

◎ パンケーキ生地
┌ 薄力粉 …… 90g
│ ベーキングパウダー …… 3g
└ 上白糖 …… 15g
┌ 卵 …… 1/2個
│ 絹豆腐 …… 50g
│ 牛乳 …… 50㎖
└ バター① …… 10g

◎ トッピング
バナナ …… 2本
バター② …… 30g
キャラメルソース (市販) …… 大さじ2
ミント …… 少々

下準備

● ハニーナッツを作っておく。容器にはちみつとミックスナッツを入れ、ひと晩漬け込む。
● 薄力粉、ベーキングパウダー、上白糖は合わせてふるっておく。
● 卵、絹豆腐、牛乳は作り始める10分前に冷蔵庫から出しておく。
● バター①は耐熱容器などに入れ、600Wの電子レンジで20秒加熱し溶かしておく。

詳しい作り方は次ページ！

Q 豆腐を入れるとどのような生地になるの？

生地の中に豆腐を混ぜるとよりしっとりとした食感になります。その場合、豆腐の種類は必ず絹豆腐を使うこと。木綿豆腐だとかたまりが残り、なめらかに仕上がりません。また、絹豆腐を使用するときには、水切りはしなくて大丈夫です。

1 パンケーキ生地を混ぜる

1 ボウルに薄力粉、ベーキングパウダー、上白糖を入れて混ぜる。

2 別のボウルに卵、絹豆腐、牛乳を入れてよく混ぜる。

3 1のボウルに2を少しずつ入れながら混ぜ合わせる。

3 バナナを切る   ## 4 バナナを焼く

魔法ポイント

1 バナナの皮をむき、バナナが折れないように注意しながら縦に切る。バナナの長さを生かしてゴージャスに見せる。

1 フライパンにバター②を入れて中火にかけ、バターが溶けたらバナナの切り口を下にしてフライパンに並べる。

2 時々ゆすりながら2分ほど焼いて裏返し、さらに1分ほど焼く。

② パンケーキを焼く

4 溶かしたバター①を加え、よく混ぜる。

1 弱火または160〜170℃に設定し、温めたフライパンに生地の1枚分（全体の2分の1）を流し入れる。

2 表面にプツプツと穴があいたら裏返す。弱火または160〜170℃のまま3〜4分焼き、竹串で確認をする。焼けていたら取り出し、残りの生地1枚も焼く。

⑤ 盛り付ける

1 皿にパンケーキを2枚、少し重なるように置く。

2 パンケーキの上にバナナをのせ、キャラメルソースをかける。

3 全体にハニーナッツをちらし、ミントを飾る。

フルーツサンドパンケーキ

「カラフルな断面が可愛くて写真映えする」と、女性の間で大人気なのがフルーツサンド。ここではふわっとした生地の中にホイップクリームと甘酸っぱいフルーツに加え、なめらかなカスタードクリームを閉じ込めています。具材をパンケーキの上にのせて、オープンサンドにするのもおすすめです。

作る順番

| 1 カスタードクリームを作る | 2 フルーツをカットする | 3 パンケーキ生地を混ぜる | 4 パンケーキを焼く | 5 ホイップクリームを作る | 6 成形する |

材料 (直径12cm／6枚／3サンド分)

◎ カスタードクリーム
牛乳 —— 400㎖
グラニュー糖① —— 70g
卵黄 —— 3個分
コーンスターチ —— 30g

◎ フルーツ
イチゴ —— 6個
バナナ —— 1本
黄桃(缶詰) —— 1缶
キウイ —— 2個

◎ パンケーキ生地
薄力粉 —— 180g
ベーキングパウダー —— 5g
上白糖 —— 30g
卵 —— 1個
牛乳 —— 150㎖
プレーンヨーグルト —— 50g

◎ ホイップクリーム
生クリーム —— 200㎖
グラニュー糖② —— 25g
バニラエッセンス —— 3滴

下準備

● 薄力粉、ベーキングパウダー、上白糖は合わせてふるっておく。
● 卵、牛乳、プレーンヨーグルトは作り始める10分前に冷蔵庫から出しておく。
● フルーツはよく洗い、水気を切っておく。
● 生クリームはホイップする寸前まで冷蔵庫で冷やす。

詳しい作り方は次ページ！

Q きれいな断面を作るにはどうすればいい？

ここを切るときれいに!!

美しい断面を作るには、フルーツの並べ方と切り方がポイントになります。まずは切る場所を決めてから、そこにフルーツの分厚い部分が当たるように、色とりどりに並べます。パンケーキでサンドしたら、ラップで包んで10分ほど置いて全体を馴染ませます。包丁はなるべく薄いタイプを用意し、切る寸前にお湯で温め、水気をふき取り、ラップをしたまま切ります。何度も切る場合は、その都度包丁に付いたクリームをふき取ることが、きれいな断面を作るコツです。

切る部分

1 カスタードクリームを作る

1 鍋に牛乳とグラニュー糖①を入れて弱火にかけ、グラニュー糖が溶けたら火を止める。

2 ボウルに卵黄とコーンスターチを入れ、よく混ぜ合わせる。

3 2のボウルに1を少しずつ入れながら混ぜ合わせる。

2 フルーツをカットする
(カットしたらラップをかけて冷蔵庫で冷やす)

1 イチゴはヘタを取る。バナナは皮をむいて横半分に切る。黄桃は汁気を切り半分に切る。キウイは皮をむいて縦に半分に切る。

3 パンケーキ生地を混ぜる

1 薄力粉、ベーキングパウダー、上白糖を合わせてふるったものを大きめのボウルに入れる。

2 別のボウルに卵、牛乳、プレーンヨーグルトを入れてよく混ぜる。

5 ホイップクリームを作る

1 ボウルに生クリームとグラニュー糖②、バニラエッセンスを入れ、泡立て器で角が立つまでしっかり泡立てる。

2 口金を付けた絞り袋に入れる。

6 成形する ✦魔法ポイント

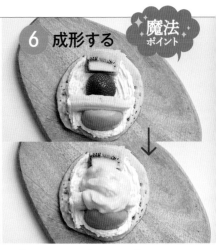

1 パンケーキの上にホイップクリーム、フルーツ、カスタードの順にのせる。フルーツの並べ方がポイント。

4 裏ごしをしながら鍋に戻す。

5 鍋を中火にかけ混ぜながら、とろみがついてきたら弱火にする。プツプツと気泡が出てきたらそのまま1分ほど煮詰める。

6 クリーム状になったら火から下ろし、粗熱が取れたら冷蔵庫で冷やす。

3 **1**のボウルに**2**を少しずつ入れながら、粉っぽさがなくなるまでよく混ぜる。

4 パンケーキを焼く（6枚焼く）

1 弱火または160〜170℃に設定し、温めたフライパンに直径12cmほどになるように生地を流し入れる。プツプツと穴があいたら裏返す。

2 弱火または160〜170℃のまま3〜4分焼き、竹串で焼き具合を確認する。焼けていたら取り出し、残りの生地も焼く。

2 カスタードクリームの上にホイップクリームをのせる。

3 パンケーキを被せる。同じ要領で残りも形成する。

4 切り口が見えるように分厚い部分を切る。ラップで包んでから切ると崩れにくい。

パンケーキのチョコレートパフェ

アレンジ
P54〜
フルーツサンド
パンケーキの
アレンジ版

スイーツ好きなら一度は作りたいパンケーキのパフェ。好きなものを重ねて入れるだけですが、盛り付け方次第でゴージャスなカフェスイーツに。クッキーやカラースプレーなど、市販のお菓子を上手にアレンジするだけで簡単にできます。

材料(直径13cm／2枚／2人分)

◎ パンケーキ生地

薄力粉 —— 90g
ベーキングパウダー —— 2g
上白糖 —— 15g

卵 —— ½個
牛乳 —— 75㎖
プレーンヨーグルト —— 25g

バナナ —— 1本
キウイ —— 1個

◎ ホイップクリーム
生クリーム —— 200㎖
グラニュー糖 —— 25g
バニラエッセンス —— 3滴

◎ トッピング
チョコレートソース(市販) —— 大さじ6
バニラアイス —— 100g
チョコレートクッキー —— 4枚
ブルーベリー —— 3粒
カラースプレー —— 大さじ1
飾り用ワッフル —— 2枚
ミント —— 少々

下準備

● 薄力粉、ベーキングパウダー、上白糖は合わせてふるっておく。
● 卵、牛乳、プレーンヨーグルトは作り始める10分前に冷蔵庫から出しておく。
● フルーツはよく洗い、水気を切っておく。
● 生クリームはホイップする寸前まで冷蔵庫で冷やす。

作り方

1 P56〜57の❸〜❹を参照し、同じようにパンケーキを2枚焼き、食べやすい大きさに切り分けておく。

2 バナナは皮をむいて縦に半分にしたのち、横半分に切る(PHOTO 1)。

3 キウイは皮をむいて縦に4等分に切る(PHOTO 2)。

4 ホイップクリームを作る。ボウルに生クリーム、グラニュー糖、バニラエッセンスを入れ、泡立て器で角が立つまで泡立てる。

5 口金を付けた絞り袋にホイップクリームを入れる。

6 グラスにチョコレートソースを大さじ1入れ、その上にホイップクリーム、パンケーキを入れる(PHOTO 3)。

7 さらにホイップクリーム、パンケーキ、バナナとキウイを入れ、バニラアイスをのせる。

8 グラスの縁に沿うようにパンケーキを刺し、ホイップクリームを絞り、チョコレートクッキーをのせる。

9 バナナとキウイ、ブルーベリーを置き、カラースプレーをかけ、飾り用ワッフルを刺し、ミントを飾る。

PHOTO 1
バナナは皮をむいて横半分、縦半分に切る。

PHOTO 2
キウイは皮をむいて縦に4等分する。

PHOTO 3
パンケーキとフルーツは中とトッピング、2回に分けて入れる。

Q パンケーキがパサついておいしくない場合は?

少しの油断で焼きすぎてパンケーキがパサついてしまう、時間が経って硬くなる、これはよくあることです。そんなときの応急処置は、霧吹きで湿らせてからラップをして電子レンジで少し温めます。1枚なら500wで40秒ほど加熱すればしっとり感が復活。またはパフェにすることで、リメイクスイーツのできあがり！ 残ったパンケーキで作ることができるので、このテクニックを覚えておくと便利です。

スモアパンケーキ

ふわとろに焼いたマシュマロがたまらないスイーツ、スモアをパンケーキの上にのせてみました。パンケーキを焼いた後、さらにオーブンで焼くのでサンドした板チョコはとろけてアツアツに仕上がります。スモアとはSome more(もうひとつ！)という意味。その通り、止まらなくなるおいしさです。

作る順番

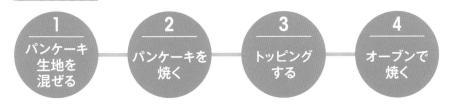

材料（直径18cm／1枚／1スキレット分）

◎ パンケーキ生地

- 薄力粉 …… 90g
- ベーキングパウダー …… 2g
- 上白糖 …… 15g
- 卵 …… 1/2個
- 牛乳 …… 80㎖
- プレーンヨーグルト …… 25g

◎ トッピング

板チョコ …… 1枚
マシュマロ …… 60g
粉砂糖 …… 少々

下準備

- 薄力粉、ベーキングパウダー、上白糖は合わせてふるっておく。
- 卵、牛乳、プレーンヨーグルトは作り始める10分前に冷蔵庫から出しておく。
- オーブンを200℃に温める。

詳しい作り方は次ページ！

Q オーブンがないと作れない？

オーブントースターでも焼くことができます。ただし、スキレットは入らないと思うので、その場合は耐熱容器、グラタン皿などを使用します。それもない場合でも、あきらめないで！ アルミホイルを二重にしてトースターに入る大きさに切ります。その上にオーブンシートを敷き、パンケーキをのせればOK。あとは同じようにトッピングして、焼き加減は目で見て判断。マシュマロに少し焦げ目が付けばOKです。

1 パンケーキ生地を混ぜる

1 薄力粉、ベーキングパウダー、上白糖を合わせてふるったものを大きめのボウルに入れる。

2 別のボウルに卵、牛乳、プレーンヨーグルトを入れてよく混ぜる。

3 1のボウルに2を少しずつ入れながら混ぜ合わせる。

3 トッピングする

3 弱火または160〜170℃のまま3〜4分焼き、竹串で焼き具合を確認する。生地が付いてこなければ取り出す。

1 スキレットにパンケーキを入れる。

2 板チョコを割りながらパンケーキの上にちらす。

② パンケーキを焼く

4 粉っぽさがなくなるまでよく混ぜる。

1 弱火または160〜170℃に設定し、温めたフライパンに生地を流し入れる。

2 表面にプツプツと穴があいたら裏返す。

④ オーブンで焼く

✦魔法✦
ポイント

3 上にマシュマロを敷き詰め、粉砂糖をふる。表面はサクッ、中はとろりと仕上がる。

\ BEFORE /

↓

\ AFTER /

1 200℃に温めたオーブンに入れて10分ほど焼く。

2 表面に焦げ目が付いたらオーブンから出す。

クアトロフォルマッジ風
パンケーキピザ

4種類のチーズが濃厚な味を醸し出す人気のピザをパンケーキで作りました。チーズに合うよう生地には米粉を使い、もちもち食感に仕上げました。焼き上がりにかけるはちみつが、よりチーズの香りを引き立て、食欲をそそります。黒コショウをふれば、さらにインパクトのある味に。

作る順番

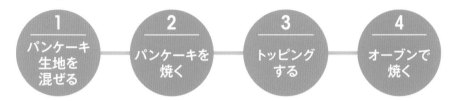

| 1 パンケーキ生地を混ぜる | 2 パンケーキを焼く | 3 トッピングする | 4 オーブンで焼く |

材料（直径20cm／2枚分）

◎ パンケーキ生地
- 米粉 …… 100g
- ベーキングパウダー …… 5g
- グラニュー糖 …… 10g
- 塩 …… ひとつまみ
- 卵 …… 1個
- 牛乳 …… 100㎖
- オリーブオイル　大さじ1

◎ トッピング
エメンタルチーズ …… 50g
チェダーチーズ …… 50g
ブルーチーズ …… 50g
パルメザンチーズ …… 30g
はちみつ …… 大さじ2
黒コショウ（お好みで）…… 少々

下準備

- 粉類は合わせてふるっておく。
- 卵、牛乳は作り始める10分前に冷蔵庫から出しておく。
- オーブンを200℃に温める。

詳しい作り方は次ページ！

Q 米粉で作る生地は薄力粉と何が違うの？

ふわっと軽い食感に仕上がる薄力粉に比べ、米粉はしっとりと重く、焼きたてはもちもちした食感です。米粉はお米から作られた粉で、小麦粉より水分が多いため、液体類を加えるときは徐々に入れて様子を見ながら作ります。また、時間が経つとパサつきやすいので、生地を作る際はオリーブオイルか溶かしバターを入れると良いでしょう。

① パンケーキ生地を混ぜる

1 米粉、ベーキングパウダー、グラニュー糖、塩を合わせてふるったものを大きめのボウルに入れる。

2 別のボウルに卵、牛乳、オリーブオイルを入れてよく混ぜる。

3 1のボウルに2を少しずつ入れながら混ぜ合わせる。

③ トッピングする

3 弱火または160～170℃のまま3～4分焼き、竹串で焼き具合を確認する。生地が付いてこなければ取り出し、残りの生地も焼く。

1 天板にオーブンシートを敷き、上にパンケーキを置く。

魔法ポイント

2 エメンタルチーズ、チェダーチーズ、ブルーチーズの順番にのせる。

② パンケーキを焼く

4 粉っぽさがなくなるまでよく混ぜる。

1 弱火または160〜170℃に設定し、温めたフライパンに生地の1枚分（全体の半量）を流し入れる。

2 表面にブツブツと穴があいたら裏返す。

④ オーブンで焼く

3 上にパルメザンチーズをふる。

\ BEFORE /

\ AFTER /

1 200℃に温めたオーブンで10分ほど焼く。

2 チーズがとろけたらオーブンから出す。はちみつを回しかけ、好みで黒コショウをふる。

アボカドとスモークサーモンのパンケーキ

\アレンジ/

P64〜
クアトロフォルマッジ風
パンケーキピザの
アレンジ版

アクセントに粒マスタードを添えた、ヘルシーなお食事系パンケーキ。アボカドにスモークサーモンとクリームチーズは黄金の組み合わせです。ソースは作り置きしておくとサラダのドレッシングとしても重宝します。

材料 (直径14cm／3枚／1皿分)

◎ ソース

クリームチーズ …… 40g
マヨネーズ …… 20g
生クリーム …… 40ml
塩① …… ひとつまみ

◎ パンケーキ生地

米粉 …… 100g
ベーキングパウダー …… 5g
グラニュー糖 …… 10g
塩② …… ひとつまみ

卵 …… 1個
牛乳 …… 100ml
オリーブオイル …… 15g

◎ トッピング

アボカド …… 1個
スモークサーモン …… 50g
粒マスタード …… 10g
クルミ(手で砕く) …… 2個
黒コショウ …… 少々
レモンタイム …… 少々

下準備

● 粉類は合わせてふるっておく。
● 卵、牛乳、クリームチーズ、生クリームは作り始める10分前に冷蔵庫から出しておく。

作り方

1 ソースを作る。ボウルにクリームチーズを入れてなめらかになるまで練る。

2 マヨネーズを加え、生クリームを少しずつ入れながら混ぜ合わせ、最後に塩①で味をととのえる。

3 P66〜67の❶〜❷を参照し、同じようにパンケーキを3枚焼く。

4 アボカドは縦半分に切り、種を取り出す。皮をむき、縦に2mmほどの薄さに切る。

5 スモークサーモンは食べやすい大きさに切る。

6 皿の中央にパンケーキを重ねて置き、周りにソースをのせる(PHOTO 1)。

7 パンケーキの上にアボカドを並べ、ソースの上に粒マスタードをのせる(PHOTO 2)。

8 アボカドの上にスモークサーモンをのせ、クルミをちらす。

9 全体に黒コショウをふり、レモンタイムを飾る。

PHOTO 1

皿にソースをのせたら、スプーンの背を押し当てて一方向に撫でる。

PHOTO 2

アボカドは薄く切った方がパンケーキの上で安定する。

Q 食事系パンケーキも甘くするのはなぜ？

好みでパンケーキの甘さを調節することはできますが、甘みがなく、逆にしょっぱいパンケーキはおいしくありません。私が作る配合では、砂糖は加えているものの、市販のホットケーキミックスなどに比べると甘さは控えめです。ほんのり甘みがある方が、塩味のあるソースやトッピングと合い、相乗効果でおいしくなるのです。

タワーパンケーキ

「ケーキ作りは大変だけど、パンケーキならできそう」と思いませんか？　しかもタワーにすれば、普通のケーキよりもゴージャスな仕上がり。イチゴの代わりに、バナナやマンゴーなどお好みのフルーツでもOK。水分が多いフルーツの場合はしっかり水切りしましょう。

作る順番

| 1 フルーツをカットする | 2 パンケーキ生地を混ぜる | 3 パンケーキを焼く | 4 ホイップクリームを作る | 5 盛り付ける |

材料（直径12㎝／5枚／1皿分）

イチゴ …… 10個
キウイ …… 1個

◎ パンケーキ生地
薄力粉 …… 180g
ベーキングパウダー …… 5g
上白糖 …… 30g
卵 …… 1個
牛乳 …… 150㎖
プレーンヨーグルト …… 50g

◎ ホイップクリーム
生クリーム …… 200㎖
グラニュー糖 …… 25g
バニラエッセンス …… 3滴

◎ トッピング
ブルーベリー …… 8個
ミント …… 少々

下準備

● 薄力粉、ベーキングパウダー、上白糖は合わせてふるっておく。
● 卵、牛乳、プレーンヨーグルトは作り始める10分前に冷蔵庫から出しておく。
● フルーツはよく洗い、水気を切っておく。
● 生クリームはホイップする寸前まで冷蔵庫で冷やす。

詳しい作り方は次ページ！

Q きれいなタワーを作るポイントは？

まず一番のポイントはホイップクリームをしっかり角が立つまで泡立てること。クリームがゆるいとタワーがつぶれた感じになります。そしてパンケーキは冷ましてから組み立てることです。フルーツをたくさん入れすぎてもずれやすくなるので、サンドするフルーツは控えめにして、お皿にたっぷりトッピングしましょう。

1 フルーツをカットする

（カットしたらラップをかけて冷蔵庫で冷やす）

1 イチゴは1個をヘタを取り、縦半分に、残りはヘタを取って4等分に切る。

2 キウイは皮をむき、1cm角に切る。

2 パンケーキ生地を混ぜる

1 薄力粉、ベーキングパウダー、上白糖を合わせてふるったものを大きめのボウルに入れる。

3 パンケーキを焼く

1 弱火または160〜170℃に設定し、温めたフライパンに直径12cmほどになるように生地の1枚分（全体の5分の1）を流し入れる。プツプツと穴があいたら裏返す。

2 弱火または160〜170℃のまま3〜4分焼き、竹串で焼き具合を確認する。生地が付いてこなければ取り出し、残りの生地4枚も焼く。

4 ホイップクリームを作る

1 ボウルに生クリームとグラニュー糖、バニラエッセンスを入れ、泡立て器で角が立つまでしっかり泡立てる。口金を付けた絞り袋にホイップクリームを入れる。

2 別のボウルに卵、牛乳、プレーンヨーグルトを入れてよく混ぜる。

3 1のボウルに2を少しずつ入れながら混ぜ合わせる。

4 粉っぽさがなくなるまでよく混ぜる。

⑤ 盛り付ける

魔法ポイント

1 皿の中央にパンケーキを1枚置き、ホイップクリームを絞って切ったイチゴとキウイをのせる。フルーツの上にホイップクリームを絞る。

2 パンケーキを重ねる。同じ要領でホイップクリームとイチゴとキウイをのせながらパンケーキを5枚重ねる。しっかりと密着させることがポイント。

3 パンケーキを囲むように、皿の上に残りの切ったイチゴ、キウイ、ブルーベリーをのせる。タワーパンケーキの一番上にホイップクリームを絞り、残りのキウイと縦半分に切ったイチゴをのせ、ミントを飾る。

P70〜
タワーパンケーキの
アレンジ版

パンケーキのクリスマスツリー

モミの木をイメージしたパンケーキのクリスマスツリー。生地に抹茶パウダーを入れて緑色に焼き上げるのが
一般的ですが、あえてホイップクリームに入れました。パンケーキとフルーツ、そして緑色のホイップクリー
ムがクリスマスを彩ります。

材料 (直径15㎝、14㎝、13㎝、12㎝、10㎝、8㎝／6枚／1皿分)

イチゴ …… 8個
黄桃(缶詰) …… 1/4缶

◎ パンケーキ生地
薄力粉 …… 180g
ベーキングパウダー …… 5g
上白糖 …… 30g
卵 …… 1個
牛乳 …… 150㎖
プレーンヨーグルト …… 50g

◎ 抹茶ホイップクリーム
生クリーム …… 200㎖
グラニュー糖 …… 40g
抹茶パウダー① …… 8g

◎ トッピング
ブルーベリー …… 6粒
抹茶パウダー② …… 4g
クリスマス用飾り …… 1つ

下準備

● 薄力粉、ベーキングパウダー、上白糖は合
わせてふるっておく。
● 卵、牛乳、プレーンヨーグルトは作り始め
る10分前に冷蔵庫から出しておく。
● フルーツはよく洗い、水気を切っておく。
● 生クリームはホイップする寸前まで冷蔵庫
で冷やす。

Q 抹茶パウダーを入れると苦くなる？

抹茶パウダーは抹茶を粉末にしたもの
なので、茶葉独特の苦みと渋みがありま
す。ただ、その味を感じるかどうかは入
れる量によって変わります。より緑色を
出したい場合は抹茶パウダーを多めに
入れます。その場合、グラニュー糖も多
めに入れるなど、甘さで調節すれば気に
ならないと思います。

作り方

1 イチゴは1個ヘタを付けたまま縦半分に切り、残りはヘタを取り
4等分に切る。黄桃は1㎝ほどの角切りにする(PHOTO 1)。
カットしたらラップをして冷蔵庫で冷やす。

2 P72〜73の②〜③を参照し、1枚目から6枚目まで
少しずつ小さくなるようにパンケーキを6枚焼く。

3 抹茶ホイップクリームを作る。
ボウルに生クリーム、グラニュー糖、抹茶パウダー①を入れ、
泡立て器で角が立つまで泡立てる(PHOTO 2)。

4 口金を付けた絞り袋に抹茶ホイップクリームを入れる。

5 皿に一番大きなパンケーキを置き、4等分にしたイチゴ、
黄桃をのせ、抹茶ホイップクリームを絞る。

6 2番目に大きいパンケーキを重ね、イチゴ、黄桃をのせ、
抹茶ホイップクリームを絞る。残りの生地も同様にして、
トップに一番小さいパンケーキを置く。

7 一番上にヘタの付いたイチゴを1個とブルーベリーを3粒のせ、
残りのフルーツを皿に盛る。

8 クリスマス用の飾りを刺し、全体に抹茶パウダー②をふる。

PHOTO 1

フルーツは飾りにするもの以外は小さめに切ると
サンドしやすい。

PHOTO 2

モミの木をイメージした
緑色のクリーム。ほんの
り苦味があるので大人っ
ぽい味に。

パンケーキに合う魔法のホイップバターを作ろう!

口どけの良いホイップバターはパンケーキの必需品

バターのコクをそのまま残した、口当たりの軽いホイップバター。パンケーキには欠かせないアイテムです。
バターにフレーバーがあるとトッピングなしのパンケーキでも味に変化が付き、華やかにしてくれます。
パンケーキだけでなく、トーストやスコーンなどにも合うので試してみてください。

プレーン
ほんのり塩味が
パンケーキの
甘みを
引き立てる

材料(作りやすい分量)

バター(有塩) ····· 100g
生クリーム ····· 100ml

作り方

1 室温でやわらかくなった
バターをボウルに入れ、
泡立て器で白っぽくなる
まで混ぜる。

2 別のボウルに生クリーム
を入れ、泡立て器で7分立
てにホイップする。

3 バターのボウルにホイッ
プした生クリームを少し
ずつ加えながら混ぜ合わ
せる。

はちみつ
自然の
やさしい甘みが
プラスした
素朴な味

材料(作りやすい分量)

バター(無塩) ····· 100g
生クリーム ····· 100ml
はちみつ ····· 大さじ2

作り方

1 室温でやわらかくなった
バターをボウルに入れ、
泡立て器で白っぽくなる
まで混ぜる。

2 別のボウルに生クリーム
を入れ、泡立て器で7分立
てにホイップする。

3 バターのボウルにホイッ
プした生クリームとはち
みつを少しずつ加えなが
ら混ぜ合わせる。

塩キャラメル
香ばしい
キャラメルと
ほのかな塩気が
絶妙

材料(作りやすい分量)

バター(有塩) ····· 100g
生クリーム ····· 100ml
キャラメルソース(市販)····· 大さじ2

作り方

1 室温でやわらかくなった
バターをボウルに入れ、
泡立て器で白っぽくなる
まで混ぜる。

2 別のボウルに生クリーム
を入れ、泡立て器で7分立
てにホイップする。

3 バターのボウルにホイッ
プした生クリームとキャ
ラメルソースを少しずつ
加えながら混ぜ合わせる。

ストロベリー
フルーティーな
香りと甘みで
ピンク色も
可愛い

材料(作りやすい分量)

バター(無塩) ····· 100g
生クリーム ····· 100ml
イチゴジャム ····· 大さじ2

作り方

1 室温でやわらかくなった
バターをボウルに入れ、
泡立て器で白っぽくなる
まで混ぜる。

2 別のボウルに生クリーム
を入れ、泡立て器で7分立
てにホイップする。

3 バターのボウルにホイッ
プした生クリームとイチ
ゴジャムを少しずつ加え
ながら混ぜ合わせる。

PART

3

可愛いトッピングのパンケーキにチャレンジ！

スフレ
パンケーキ編

やさしい甘さとふわふわの食感が大人気のスフレパンケーキ。基本の焼き方をマスターしたら、次はトッピングにチャレンジ。ここでは盛り付けからアレンジまでを詳しく紹介。膨らみを生かして華やかに演出する魔法のようなテクニックは必見です！

SOUFFLÉ PANCAKE

メープルシロップで食べる
スフレパンケーキ

一見カロリーが高そうなスフレパンケーキですが、小麦粉の量が少ないので普通のパンケーキよりもヘルシーなんです。シンプルな食べ方の場合は、素材自体のおいしさを感じられるため、ちょっと奮発して高いプレミアム卵を使ってみてはいかがでしょうか？

材料 (直径15cm／4枚／1皿分)

◎ ベース生地
卵黄 …… 2個分
グラニュー糖① …… 25g
牛乳 …… 大さじ2
薄力粉 …… 55g
ベーキングパウダー …… 2.5g

◎ メレンゲ
卵白 …… 4個分
グラニュー糖② …… 25g
レモン汁 …… 4滴

バター …… 15g

◎ トッピング
メープルシロップ …… 適量

下準備

● 卵白は泡立てる寸前まで冷蔵庫で冷やす。
● 氷水を用意する。
● フライパンまたはホットプレートを温める。

作り方

1 ベース生地を作る。大きめのボウルに卵黄、グラニュー糖①、牛乳、薄力粉、ベーキングパウダーを入れ、泡立て器でよく混ぜ合わせる(PHOTO 1)。

2 メレンゲを作る。別のボウルに卵白とグラニュー糖②、レモン汁を入れ、ボウルの底を氷水に当て、ハンドミキサーでメレンゲを作る(PHOTO 2)。

3 ベース生地とメレンゲを混ぜる。ベース生地の入ったボウルにメレンゲを一気に入れる(PHOTO 3)。

4 メレンゲの泡をつぶさないようにゴムベラで素早く混ぜる。水分が分離していなければOK(PHOTO 4)。

| POINT |
フライパンやホットプレートの大きさにもよりますが、一度に焼くのは2〜3個までにしましょう。

5 生地を焼く。火加減を確認、または温度を測り、バターをひく。レードルまたはおたまで生地をすくって落とし、残りの生地をこんもりと盛る(PHOTO 5)。

6 蓋をしないで5分ほど焼く。

7 フライ返しで裏返し、蓋をして5分ほど焼く(PHOTO 6)。残りの生地も同じように焼く。

8 皿にスフレパンケーキを重ねて置き、メープルシロップをかける。

Q メープルシロップとホットケーキシロップの違いは？

メープルシロップとはカエデという植物の樹液を煮詰めたもので、自然の甘さ。多くはカナダで作られています。一方、ホットケーキシロップとは砂糖やはちみつなどで人工的に作られたものです。どちらも褐色で甘く、パンケーキにはピッタリです。カナダ産メープルシロップは、甘さも風味も良くておいしいのでおすすめです。

ベース生地をよく混ぜる

しっかり泡立ててメレンゲを作る。

勢いよく混ぜ合わせる。

なめらかな生地ができる。

熱したホットプレートに生地を落とす。

PHOTO 6
裏返し、蓋をして焼く。

レモンとリコッタチーズの スフレパンケーキ

爽やかなレモンの香りと、ほのかな酸味が大人スイーツを感じさせるパンケーキ。ふわふわした生地にリコッタチーズを加えて、濃厚でしっとりした風合いに仕上げました。レモンのはちみつ漬けと一緒にどうぞ！

作る順番

1 ベース生地を作る	2 メレンゲを作る	3 ベース生地とメレンゲを混ぜる	4 生地を焼く	5 盛り付ける

材料 (直径15cm／3枚／1皿分)

はちみつ …… 200㎖
レモン (薄切り) …… 1個分

◎ レモンソース
レモン汁① …… 50㎖
グラニュー糖① …… 15g
コーンスターチ …… 5g

◎ ベース生地
卵黄 …… 2個分
グラニュー糖② …… 13g
牛乳 …… 大さじ2
薄力粉 …… 40g
ベーキングパウダー …… 1g
レモンの皮 …… 5g
リコッタチーズ …… 45g

◎ メレンゲ
卵白 …… 2個分
グラニュー糖③ …… 13g
レモン汁② …… 3滴

バター …… 15g

◎ トッピング
バニラアイス …… 50g
粉砂糖 …… 少々
ミント …… 少々

下準備

● レモンのはちみつ漬けを作っておく。容器にはちみつとレモンを入れ、ひと晩漬け込む。
● 卵を卵黄と卵白に分け、卵白は泡立てる寸前まで冷蔵庫で冷やす。
● レモンの皮をすりおろす。レモンを搾る。
● 氷水を用意する。
● フライパンまたはホットプレートを温める。
● レモンソースを作っておく。鍋に材料を入れてよく混ぜ、弱火にかけてとろみがついたら冷蔵庫で冷やす。

詳しい作り方は次ページ！

Q リコッタチーズ以外でもおいしく作れる？

近所のスーパーでリコッタチーズが手に入らない場合、代用にベストなのはカッテージチーズです。しかもカッテージチーズなら簡単に作ることができます。牛乳1ℓを鍋に入れて人肌程度に温めます。そこへレモン汁50㎖を入れ、3回ほど混ぜたら火から下ろし30分ほど放置します。牛乳が分離するので、キッチンペーパーなどで裏ごしし、ひと晩水気を切ればできあがりです。

① ベース生地を作る

1 大きめのボウルに卵黄、グラ
ニュー糖②、牛乳、薄力粉、ベーキ
ングパウダー、レモンの皮、リコッ
タチーズを入れる。

2 泡立て器でよく混ぜ合わせる。

② メレンゲを作る

1 別のボウルに卵白とグラニュー
糖③、レモン汁②を入れる。

③ ベース生地とメレンゲを混ぜる

1 ベース生地の入ったボウルにメ
レンゲを一気に入れる。

2 メレンゲの泡をつぶさないように素早く混ぜる。水分が分離していなければOK。

4 フライ返しで裏返す。

5 蓋をして5分ほど焼く。

⑤ 盛り付ける

1 皿にパンケーキを3枚、重なる
ように置く。

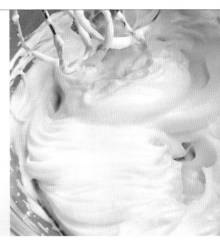

2 ボウルの底を氷水に当てる。

3 ハンドミキサーでメレンゲを作る。

4 生地を焼く

1 火加減を確認、または温度を測り、バターをひく。

2 レードルまたはおたまで生地をすくって落とし、残りの生地をこんもりと盛る。

3 蓋をしないで5分ほど焼く。つねに温度を150〜160℃にキープする。

魔法 POINT

2 パンケーキの横にレモンのはちみつ漬けを添える。レモンの爽やかな酸味が、パンケーキのおいしさを引き立てるポイント。

3 上にもレモンのはちみつ漬けを置き、バニラアイスをのせ、レモンソースをかける。全体に粉砂糖をふり、ミントを飾る。

＼ アレンジ ／

P80 〜
レモンとリコッタチーズ
のスフレパンケーキの
アレンジ版

シュゼット風オレンジの
スフレパンケーキ

オレンジのクレープシュゼットをスフレパンケーキでアレンジして作りました。ソースは冷やさず、温かい状態がベスト。食べる寸前にかけるとバニラアイスがとろ〜り溶けてスフレパンケーキにしみ込み、ジュワッと口の中でおいしさが広がります。

材料 (直径13cm／3枚／1皿分)

オレンジ ····· 1個

◎ オレンジソース
オレンジジュース(果汁100%) ····· 100㎖
レモン汁① ····· 5㎖
はちみつ ····· 5㎖
コーンスターチ ····· 4g

◎ ベース生地
卵黄 ····· 2個分
グラニュー糖① ····· 13g
牛乳 ····· 大さじ2
薄力粉 ····· 40g
ベーキングパウダー ····· 1g
レモンの皮 ····· 5g
リコッタチーズ ····· 45g

◎ メレンゲ
卵白 ····· 2個分
グラニュー糖② ····· 13g
レモン汁② ····· 3滴

バター ····· 15g

◎ トッピング
バニラアイス ····· 50g
ブルーベリー ····· 6粒
粉砂糖 ····· 少々

下準備

● 卵を卵黄と卵白に分け、卵白は泡立てる寸前まで冷蔵庫で冷やす。
● レモンの皮をすりおろす。レモンを搾る。
● 氷水を用意する。
● フライパンまたはホットプレートを温める。

作り方

1 オレンジは皮をむき、食べやすい大きさに切る。

2 オレンジソースを作る。小鍋にオレンジジュース、レモン汁①、はちみつ、コーンスターチを入れてよく混ぜ合わせる (PHOTO 1)。

3 ソースを中火にかけ、とろみがついてきたら弱火にし、2分ほど煮詰めて火から下ろす (PHOTO 2)。

4 P82〜83の ❶〜❹ を参照し、同じようにスフレパンケーキを3枚焼く。

5 皿にパンケーキが少し重なるように置く。

6 上にバニラアイスを置き、オレンジとブルーベリーをトッピングし、粉砂糖をふる。

7 オレンジソースを温め、食べる寸前にかける。

PHOTO 1

コーンスターチが溶けると濁ったような色になる。

PHOTO 2

火にかけると透き通ったソースになる。

Q ソースをなめらかに仕上げるには？

このソースはコーンスターチを使用していますので、溶ける前に火が入ると固まってしまいます。そのため、あらかじめ材料をよく混ぜ合わせてから火にかけます。それでもツブツブができてしまった場合は、ザルなどで裏ごししましょう。

ハートのベリースフレパンケーキ

ハートの形が可愛いスフレパンケーキは、セルクルを使えば簡単に作ることができます。トッピングはお好みで、カラフルなフルーツを使っても素敵。上にアイスをのせるので多少生地はしぼみますが、しっとりした食感を楽しめます。

作る順番

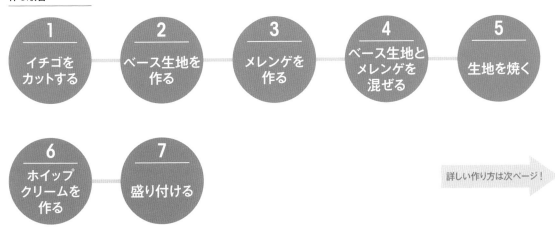

| 1 イチゴをカットする | 2 ベース生地を作る | 3 メレンゲを作る | 4 ベース生地とメレンゲを混ぜる | 5 生地を焼く |

| 6 ホイップクリームを作る | 7 盛り付ける |

詳しい作り方は次ページ！

材料（ハート型セルクル10cm×10cm／1枚／1皿分）

イチゴ …… 3個

◎ ベース生地
卵黄 …… 1個分
グラニュー糖① …… 7g
牛乳 …… 大さじ1
薄力粉 …… 23g
ベーキングパウダー …… 0.7g

◎ メレンゲ
卵白 …… 1個分
グラニュー糖② …… 7g
レモン汁 …… 2滴

バター …… 15g

◎ ホイップクリーム
生クリーム …… 50ml
グラニュー糖③ …… 5g
バニラエッセンス …… 3滴

◎ トッピング
ラズベリー …… 6個
ブルーベリー …… 6粒
ストロベリーソース …… 大さじ2
ストロベリーアイス …… 50g
粉砂糖 …… 少々
レモンタイム …… 少々

下準備

● 卵を卵黄と卵白に分け、卵白は泡立てる寸前まで冷蔵庫で冷やす。
● ハート型セルクルの内側にバター小さじ1を塗る。
● 氷水を用意する。
● フライパンまたはホットプレートを温める。

Q セルクルとは？

セルクルは底のない枠で、お菓子作りだとクッキーを焼いたり、ババロアやムースを冷やし固めるのに使います。また、お料理でもパテを抜いたり、オシャレに盛り付ける前菜などにも使用します。パンケーキを焼くときは、型から外すときにセルクルが熱くなっているので、軍手をして作業すると良いでしょう。

1 イチゴをカットする

1 イチゴのヘタを取る。

2 縦に4等分に切る(カットしたら他のフルーツと一緒にラップをかけて冷蔵庫で冷やす)。

2 ベース生地を作る

1 大きめのボウルに卵黄、グラニュー糖①、牛乳、薄力粉、ベーキングパウダーを入れる。

4 ベース生地とメレンゲを混ぜる

1 ベース生地の入ったボウルにメレンゲを一気に入れる。

2 メレンゲの泡をつぶさないように素早く混ぜる。水分が分離していなければOK。

5 生地を焼く

1 火加減を確認、または温度を測り、バターをひき、ハート型セルクルを置く。

6 ホイップクリームを作る

1 ボウルに生クリームとグラニュー糖③、バニラエッセンスを入れ、泡立て器で角が立つまでしっかり泡立てる。

2 口金を付けた絞り袋にホイップクリームを入れる。

7 盛り付ける

1 パンケーキをセルクルごと皿の中央に置き、ナイフなどを使ってセルクルを外す。

2 泡立て器でよく混ぜ合わせる。

1 別のボウルに卵白とグラニュー糖②、レモン汁を入れ、ボウルの底を氷水に当てる。

2 ハンドミキサーでメレンゲを作る。

2 ハート型セルクルにパンケーキ生地を流し入れる。

3 蓋をして5分ほど焼いたのち、フライ返しでセルクルごと裏返す。

4 膨らんだ生地がはみ出すが、後でカットすれば大丈夫。再度、蓋をして5分ほど焼く。焼けたらはみ出した生地をナイフでカットする。

魔法ポイント

2 周りにストロベリーソースで円を描くようにする。盛り付けを美しく見せるポイント。

3 ソースの上とパンケーキの上にフルーツを置く。

4 パンケーキの上にストロベリーアイスをのせ、ホイップクリームを絞る。粉砂糖をふり、レモンタイムを飾る。

\アレンジ/

P86〜
ハートのベリー
スフレパンケーキの
アレンジ版

ハートのストロベリー
ショコラスフレパンケーキ

ハートのベリーパンケーキの生地に、ココアを入れてアレンジしました。ほろ苦いココア生地と甘酸っぱいストロベリーソースがベストマッチ。男性にも好まれそうな味なので、バレンタインデーの手作りスイーツとしてもおすすめします。

材料 (ハート型セルクル10cm×10cm／1枚／1皿分)

イチゴ …… 3個

◎ ベース生地
卵黄 …… 1個分
グラニュー糖① …… 13g
牛乳 …… 大さじ1
薄力粉 …… 13g
ココアパウダー …… 13g
ベーキングパウダー …… 0.7g

◎ メレンゲ
卵白 …… 1個分
グラニュー糖② …… 13g
レモン汁 …… 2滴

バター …… 15g

◎ ホイップクリーム
生クリーム …… 50g
グラニュー糖③ …… 7g
バニラエッセンス …… 1滴

◎ トッピング
ストロベリーソース(市販) …… 大さじ2
ストロベリーアイス …… 50g
チョコレートソース(市販) …… 大さじ2
粉砂糖 …… 少々
ミント …… 少々

下準備

●卵を卵黄と卵白に分け、卵白は泡立てる寸前まで冷蔵庫で冷やす。
●ハート型セルクルの内側にバター小さじ1を塗る。
●氷水を用意する。
●フライパンまたはホットプレートを温める。
●ホイップクリームを作っておく。ボウルに材料を入れ、泡立て器で角が立つまでホイップし、口金を付けた絞り袋に入れる。

作り方

1 イチゴはヘタを取り縦に4等分に切る。

2 大きめのボウルに卵黄、グラニュー糖①、牛乳、薄力粉、ココアパウダー、ベーキングパウダーを入れ、泡立て器でよく混ぜ合わせる(PHOTO 1)。

3 別のボウルに卵白とグラニュー糖②、レモン汁を入れ、ボウルの底を氷水に当ててハンドミキサーでメレンゲを作る。

4 ベース生地のボウルにメレンゲを一気に入れ、泡をつぶさないように素早く混ぜる(PHOTO 2)。

5 P88〜89の2〜5を参照し、同じようにスフレパンケーキを焼く(PHOTO 3)。

6 パンケーキをセルクルから外し、皿の中央に置く。

7 周りにストロベリーソースで円を描き、チョコレートソースを数か所落とし、イチゴをちらす。

8 パンケーキの上にストロベリーアイスをのせ、ホイップクリームを絞る。ストロベリーソースをかけ、粉砂糖をふり、ミントを飾る。

PHOTO 1
ベース生地をよく混ぜ合わせる

PHOTO 2
メレンゲを入れて混ぜると茶色くなる

PHOTO 3
ハート型のセルクルに流し入れて焼く

Q チョコレートでも作れる？

ココアパウダーがない場合、チョコレートを溶かして入れても作ることができます。その場合、ベース生地の薄力粉を13g→26gに増やし、チョコレートを20g溶かして加えます。油分(チョコレートの)が増えるため、膨らみは少なくなりますが、おいしさに変わりはありませんので、試してみてください。

ユニコーンスフレパンケーキ

パステルカラーのクリームにアイスのコーンがユニコーンの角をイメージするパンケーキ。キュートでユニークな見た目はインパクト大です。お子さまのお誕生日やティーパーティーに是非、作ってみてください。

作る順番

1 ベース生地を作る

2 メレンゲを作る

3 ベース生地とメレンゲを混ぜる

4 生地を焼く

5 ユニコーンクリームを作る

6 盛り付ける

材料 (直径15cm／2枚／1皿分)

◎ ベース生地
卵黄 ····· 1個分
グラニュー糖① ····· 13g
牛乳 ····· 大さじ1
薄力粉 ····· 25g
ベーキングパウダー ····· 1g

◎ メレンゲ
卵白 ····· 2個分
グラニュー糖② ····· 13g
レモン汁 ····· 3滴

バター ····· 15g

◎ ユニコーンクリーム
生クリーム ····· 200㎖
グラニュー糖③ ····· 26g
バニラエッセンス ····· 少々
バニラアイス① ····· 200g
フードカラー4色(赤、青、緑、黄) ····· 各少々

◎ トッピング
バニラアイス② ····· 50g
アイスクリームコーン ····· 1個
カラフルマシュマロ ····· 適量

下準備

● 卵白は泡立てる寸前まで冷蔵庫で冷やす。
● 氷水を用意する。
● フライパンまたはホットプレートを温める。
● 生クリームはホイップする寸前まで冷蔵庫で冷やす。

詳しい作り方は次ページ！

Q フードカラーはどうやって使うの？

フードカラーには液体と粉末の2種類があります。液体の場合はそのままクリームなどにたらして混ぜればOK。粉末の場合は、一度お湯で溶いて液体にしてから使用します。そのとき、お湯を多く入れすぎるとクリームに入れたときに分離してしまうので、粉末がやっと溶けるくらいの、極力少なめのお湯で溶きましょう。

1 ベース生地を作る

1 大きめのボウルに卵黄、グラニュー糖①、牛乳、薄力粉、ベーキングパウダーを入れる。

2 泡立て器でよく混ぜ合わせる。

2 メレンゲを作る

1 別のボウルに卵白とグラニュー糖②、レモン汁を入れ、ボウルの底を氷水に当てる。

4 生地を焼く

1 火加減を確認、または温度を測り、バターをひく。

2 レードルまたはおたまで生地をすくって落とし、残りの生地をこんもりと盛る。

3 蓋をしないで5分ほど焼く。

✦魔法✦
ポイント

2 ボウルを4つ用意し、それぞれにバニラアイス①を50gずつ入れ、残りのホイップクリームを入れる。

3 ボウルにフードカラーを2〜3滴入れてよく混ぜ合わせる。パステルカラーに色付けることがポイント。

4 ユニコーンクリームのできあがり。

2 ハンドミキサーでメレンゲを作る。

③ ベース生地とメレンゲを混ぜる

1 ベース生地の入ったボウルにメレンゲを一気に入れる。

2 メレンゲの泡をつぶさないように素早く混ぜる。水分が分離していなければOK。

4 フライ返しで裏返し、蓋をして5分ほど焼く。

⑤ ユニコーンクリームを作る

1 ホイップクリームを作る。ボウルに生クリームとグラニュー糖③、バニラエッセンスを入れ、泡立て器で角が立つまでしっかり泡立て、50gのみ口金を付けた絞り袋に入れる。

⑥ 盛り付ける

1 皿の中央にスフレパンケーキを重ねて置く。

2 4色のユニコーンクリームをかける。真ん中にホイップクリームを絞り、バニラアイス②とアイスクリームコーンをのせ、カラフルマシュマロをちらす。

レインボースフレパンケーキ

\アレンジ/

P92～
ユニコーン
スフレパンケーキの
アレンジ版

ユニコーンクリームのアレンジでレインボークリームを作ります。ユニコーンクリームより少し多めのフード
カラーを使用しますが色のトーンはお好みでOK。アナタだけの幸せの虹を、お皿の上に描いてみましょう。

材料（直径15cm／2枚／1皿分）

◎ ベース生地
卵黄 …… 1個分
グラニュー糖① …… 13g
牛乳 …… 大さじ1
薄力粉 …… 25g
ベーキングパウダー …… 1g

◎ メレンゲ
卵白 …… 2個分
グラニュー糖② …… 13g
レモン汁 …… 3滴

バター …… 15g

◎ レインボークリーム
生クリーム …… 200㎖
グラニュー糖③ …… 26g
バニラエッセンス …… 少々
バニラアイス …… 300g
フードカラー6色 …… 各少々
（赤、青、緑、黄、オレンジ、紫）

◎ トッピング
カラースプレー …… 少々

下準備

● 卵白は泡立てる寸前まで冷蔵庫で冷やす。
● 氷水を用意する。
● フライパンまたはホットプレートを温める。
● 生クリームはホイップする寸前まで冷蔵庫
　で冷やす。

作り方

1 P94～95の❶～❹を参照し、
同じようにスフレパンケーキを2枚焼く。

2 ホイップクリームを作る。ボウルに生クリームとグラニュー糖③、
バニラエッセンスを入れ、泡立て器で角が立つまで
しっかり泡立てる。

3 ボウルを6つ用意し、それぞれにバニラアイスを50gずつ入れ、
残りのホイップクリームを入れる。

4 それぞれのボウルにフードカラーを2～3滴入れて
よく混ぜ合わせる（PHOTO）。

5 皿の中央にスフレパンケーキを重ねて置く。

6 6色のレインボークリームをかけ、カラースプレーをふる。

PHOTO

カラフルなレインボー
クリームは、好みの濃
さで作ると良い。

Q フードカラーが4色しかない場合はどうする？

レインボーは7色と思われていますが、ハワイでは6色。空に浮かぶ雲を入れて
7色といわれています。ここでは6色のフードカラーを使っていますが、赤・
青・緑・黄しかない場合は赤＋黄でオレンジ、赤＋青で紫を作ります。

京都風抹茶のスフレパンケーキ

生地に抹茶を練り込んで作ったスフレパンケーキに、抹茶クリームを合わせた和風テイストなひと皿。抹茶と相性抜群のあずきと黒蜜、そしていちじくなどを添えれば、まるで京都にある甘味処の看板スイーツのようです。

作る順番

1	2	3	4	5	6
抹茶のベース生地を作る	メレンゲを作る	抹茶のベース生地とメレンゲを混ぜる	生地を焼く	抹茶クリームを作る	盛り付ける

材料 (直径13cm／3枚／1皿分)

◎ 抹茶のベース生地

卵黄 …… 1個分
グラニュー糖① …… 13g
牛乳 …… 大さじ1
薄力粉 …… 26g
ベーキングパウダー …… 1g
抹茶① …… 4g

◎ メレンゲ

卵白 …… 2個分
グラニュー糖② …… 13g
レモン汁 …… 2滴

バター …… 15g

◎ 抹茶クリーム

生クリーム …… 100㎖
グラニュー糖③ …… 13g
抹茶② …… 4g

◎ トッピング

粉砂糖 …… 少々
あずき(市販) …… 30g
季節のフルーツ …… 適量
(いちじく、さくらんぼなど)
黒蜜 …… 大さじ2

下準備

● 卵白は泡立てる寸前まで冷蔵庫で冷やす。
● 氷水を用意する。
● フライパンまたはホットプレートを温める。
● 生クリームはホイップする寸前まで冷蔵庫で冷やす。

詳しい作り方は次ページ！

Q 抹茶以外のアレンジは？

きなこの生地がおすすめです。味自体はそんなに変化はありませんが、食べたときにほんのり香ばしい大豆の香りがします。きなこ生地を作る場合は、ベース生地の抹茶を抜いて、薄力粉は13g、きなこを15g入れます。そのほかの材料も作り方も同じなので、是非試してみてください。

1 抹茶のベース生地を作る

1 大きめのボウルに卵黄、グラニュー糖①、牛乳、薄力粉、ベーキングパウダー、抹茶①を入れる。

2 泡立て器でよく混ぜ合わせる。

2 メレンゲを作る

1 別のボウルに卵白とグラニュー糖②、レモン汁を入れ、ボウルの底を氷水に当てる。

4 生地を焼く

1 火加減を確認、または温度を測り、バターをひく。

2 レードルまたはおたまで生地をすくって落とし、残りの生地をこんもりと盛る。

3 蓋をしないで5分ほど焼く。フライ返しで裏返し、蓋をして5分ほど焼く。

③ 抹茶のベース生地とメレンゲを混ぜる

2 ハンドミキサーでメレンゲを作る。

1 抹茶のベース生地の入ったボウルにメレンゲを一気に入れる。

2 メレンゲの泡をつぶさないように素早く混ぜる。

⑤ 抹茶クリームを作る

\ AFTER /

1 ボウルに生クリームとグラニュー糖③、抹茶②を入れ、泡立て器で8分立てほどに泡立てる。

⑥ 盛り付ける

魔法ポイント

1 皿の中央より少しずらした位置にスフレパンケーキを重ねて置き、1か所に抹茶クリームをのせる。パンケーキを引き立てるポイント。

2 粉砂糖をパンケーキの半分にかけ、チェリーといちじくを添える。パンケーキの上にあずきをのせ、黒蜜をかける。

\アレンジ/

P98～
京都風抹茶の
スフレパンケーキの
アレンジ版

ホイップクリーム&トロピカルソースの 抹茶スフレパンケーキ

抹茶とトロピカルフルーツは意外な組み合わせと思われますが、ここにチョコレートが入ると不思議なほど合います。抹茶のほろ苦さとフルーツの酸味が新感覚なスフレパンケーキです。

材料（直径13cm／3枚／1皿分）

マンゴー …… $\frac{1}{2}$個

パイナップル（カットしたもの）…… 4切れ

ドラゴンフルーツ（ピタヤ）…… $\frac{1}{6}$個

キウイ …… $\frac{1}{3}$個

◎ ホイップクリーム
生クリーム …… 100㎖
グラニュー糖① …… 13g

◎ 抹茶のベース生地
卵黄 …… 1個分
グラニュー糖② …… 13g
牛乳 …… 大さじ1
薄力粉 …… 26g
ベーキングパウダー …… 1g
抹茶 …… 4g

◎ メレンゲ
卵白 …… 2個分
グラニュー糖③ …… 13g
レモン汁 …… 2滴

バター …… 15g

◎ トッピング
マンゴーソース（市販）…… 大さじ2
チョコレートソース（市販）…… 大さじ2

下準備

● 卵白は泡立てる寸前まで冷蔵庫で冷やす。
● 氷水を用意する。
● フライパンまたはホットプレートを温める。
● 生クリームはホイップする寸前まで冷蔵庫で冷やす。

作り方

1 フルーツをカットする。マンゴーは種を除いて縦半分に切り、実に格子状の切り込みを入れ、裏側の皮の中心を押し上げる。ドラゴンフルーツは縦に6等分、キウイは皮をむいて輪切りにする（ PHOTO 1 ）。

2 ホイップクリームを作る。ボウルに生クリームとグラニュー糖①を入れ、泡立て器で角が立つまでしっかり泡立て、口金を付けた絞り袋に入れる。

3 P100～101の❶～❹を参照し、同じように抹茶のスフレパンケーキを3枚焼く。

4 皿の中央より少しずらして抹茶のスフレパンケーキを重ねて置く（ PHOTO 2 ）。

5 抹茶のスフレパンケーキの上と皿の上に、マンゴーソースとチョコレートソースをたらす（ PHOTO 3 ）。

6 上にホイップクリームを絞り、チョコレートソースをかけフルーツを添える。

PHOTO 1

添えるフルーツはカラフルなものを選ぶ。

PHOTO 2

パンケーキは中央に置かずに少し横に置く。

PHOTO 3

2色のソースで皿に模様を描く。

Q 抹茶を和風以外で食べるには？

抹茶とチョコレートって、実はすごく相性が良いのです。たとえば、焼き立ての抹茶スフレパンケーキを重ねるときに、真ん中に板チョコを挟むと、ほどよくとろけておいしくなります。ホワイトチョコレートやフレーバーチョコレートでもおいしいので色々試してみてください。

ティラミスなスフレパンケーキ

イタリアの代表的なスイーツ「ティラミス」をスフレパンケーキにたっぷりのせたハイブリッドスイーツ。
クリーミーな舌触りのティラミスと、ふわふわのパンケーキがシュワッと口の中でとろける食感は絶品です。

作る順番

1	2	3	4	5	6
ベース生地を作る	メレンゲを作る	ベース生地とメレンゲを混ぜる	生地を焼く	ティラミスクリームを作る	盛り付ける

詳しい作り方は次ページ！

材料（直径15cm／2枚／1皿分）

◎ ベース生地
卵黄 ⋯⋯ 1個分
グラニュー糖① ⋯⋯ 13g
牛乳 ⋯⋯ 大さじ1
薄力粉 ⋯⋯ 26g
ベーキングパウダー ⋯⋯ 1g

◎ メレンゲ
卵白 ⋯⋯ 2個分
グラニュー糖② ⋯⋯ 13g
レモン汁 ⋯⋯ 2滴

バター ⋯⋯ 15g

◎ ティラミスクリーム
マスカルポーネチーズ ⋯⋯ 100g
プレーンヨーグルト ⋯⋯ 13g
生クリーム ⋯⋯ 100㎖
グラニュー糖③ ⋯⋯ 40g

ビスケット ⋯⋯ 14枚

◎ コーヒー液
湯 ⋯⋯ 50㎖
インスタントコーヒー ⋯⋯ 5g
上白糖 ⋯⋯ 4g

◎ トッピング
ココアパウダー ⋯⋯ 13g
ミント ⋯⋯ 少々

下準備

● 卵白は泡立てる寸前まで冷蔵庫で冷やす。
● マスカルポーネチーズは作る10分前に冷蔵庫から出しておく。
● 氷水を用意する。
● フライパンまたはホットプレートを温める。
● 湯にインスタントコーヒーと上白糖を入れてコーヒー液を作る。

Q マスカルポーネチーズがない場合は？

クリームチーズでも代用できます。分量はマスカルポーネチーズと置き換えるだけでOK。カッテージチーズ（裏ごしタイプ）や、リコッタチーズでも作ることができますが、味は少々さっぱり系になります。

① ベース生地を作る \ AFTER /

② メレンゲを作る

1 大きめのボウルに卵黄、グラニュー糖①、牛乳、薄力粉、ベーキングパウダーを入れて、泡立て器でよく混ぜ合わせる。

1 別のボウルに卵白とグラニュー糖②、レモン汁を入れ、ボウルの底を氷水に当てる。

2 ハンドミキサーでメレンゲを作る。

⑤ ティラミスクリームを作る

魔法
ポイント

2 フライ返しで裏返し、蓋をして5分ほど焼く。

1 ボウルにマスカルポーネチーズ、プレーンヨーグルトを入れて混ぜ合わせる。

2 別のボウルに生クリーム、グラニュー糖③を入れて7分立てに泡立て、1に加えて混ぜる。とろける食感に作ることがポイント。

③ ベース生地とメレンゲを混ぜる

1 ベース生地の入ったボウルにメレンゲを一気に入れる。

2 メレンゲの泡をつぶさないように素早く混ぜる。水分が分離していなければOK。

④ 生地を焼く

1 火加減を確認、または温度を測り、バターをひく。レードルまたはおたまで生地をすくって落とし、残りの生地をこんもりと盛る。蓋をしないで5分ほど焼く。

⑥ 盛り付ける

1 皿の中央にビスケットを置き、コーヒー液をかけてしみ込ませる。

2 ビスケットの上にスフレパンケーキを重ねて置く。

3 スフレパンケーキの上にティラミスクリームをかけ、ココアパウダーをふり、ミントを飾る。

クレームブリュレスフレパンケーキ

焦げた表面がカリカリなのに、中がとろっとクリーミーなクレームブリュレをスフレパンケーキにのせました。
カリッ、とろっ、ふわっの新食感ですが、味は本格的なフレンチスイーツの完成です。

作る順番

1 ベース生地を作る

2 メレンゲを作る

3 ベース生地とメレンゲを混ぜる

4 生地を焼く

5 カスタードクリームを作る

6 盛り付けてバーナーで炙る

材料 (直径15cm／2枚／1皿分)

◎ ベース生地
卵黄① …… 1個分
グラニュー糖① …… 13g
牛乳 …… 大さじ1
薄力粉 …… 26g
ベーキングパウダー …… 1g

◎ メレンゲ
卵白 …… 2個分
グラニュー糖② …… 13g
レモン汁 …… 2滴

バター …… 15g

◎ カスタードクリーム
牛乳 …… 120mℓ
グラニュー糖③ …… 26g
卵黄② …… 1個分
コーンスターチ …… 13g
バニラエッセンス …… 少々

◎ トッピング
グラニュー糖④ …… 40g
ミント …… 少々

下準備

● 卵白は泡立てる寸前まで冷蔵庫で冷やす。
● 氷水を用意する。
● フライパンまたはホットプレートを温める。
● 調理用バーナーにガス缶をセットする。

詳しい作り方は次ページ！

Q バーナーがない場合は？

オーブンやオーブントースターでもできます。その場合、耐熱容器に盛り付けし、そのまま上火で焼きます。それもない場合は魚焼きグリルを利用しましょう。グリルは本来、上火が強いので、短時間で焼くことができます。ただし、魚を焼いたあとは臭いが残らないようにきれいに掃除してから利用しましょう。

① ベース生地を作る

1 大きめのボウルに卵黄①、グラニュー糖①、牛乳、薄力粉、ベーキングパウダーを入れる。

2 泡立て器でよく混ぜ合わせる。

② メレンゲを作る

1 別のボウルに卵白とグラニュー糖②、レモン汁を入れ、ボウルの底を氷水に当てる。

④ 生地を焼く

1 火加減を確認、または温度を測り、バターをひく。

2 レードルまたはおたまで生地をすくって落とし、残りの生地をこんもりと盛る。蓋をしないで5分ほど焼く。

3 フライ返しで裏返し、蓋をして5分ほど焼く。

4 裏ごしをしながら鍋に戻す。

5 鍋を中火にかけ、混ぜながらとろみがついてきたら弱火にする。プツプツと気泡が出てきたらそのまま1分ほど煮詰める。

6 クリーム状になったら火から下ろし、バニラエッセンスを加える。バットに移し、表面にぴったりラップをかけ、粗熱が取れたら冷蔵庫で冷やす。

③ ベース生地とメレンゲを混ぜる

2 ハンドミキサーでメレンゲを作る。

1 ベース生地の入ったボウルにメレンゲを一気に入れる。

2 メレンゲの泡をつぶさないように素早く混ぜる。水分が分離していなければOK。

⑤ カスタードクリームを作る

1 鍋に牛乳とグラニュー糖③を入れて弱火にかけ、砂糖が溶けたら火を止める。

2 ボウルに卵黄②とコーンスターチを入れ、よく混ぜ合わせる。

3 2のボウルに1を少しずつ入れながら混ぜ合わせる。

⑥ 盛り付けてバーナーで炙る

1 皿の中央にスフレパンケーキを重ねて置く。

2 スフレパンケーキの上にカスタードクリームをのせ、グラニュー糖④をかける。

魔法ポイント

3 バーナーで炙る。グラニュー糖の層が厚いほど焦げるので、1か所に集中して焦げ目を広げていくことがポイント。仕上げにミントを飾る。

スキレットのフレンチスフレパンケーキ

ふっくら焼いたスフレパンケーキに濃厚な卵液をしみ込ませ、スキレットで焼いた贅沢なひと品。フレンチトーストのような味わいに、しっとりした口当たりがクセになります。アツアツのパンケーキに冷たいバニラアイスとキャラメルソースがたまりません！

作る順番

1	2	3	4	5	6
ベース生地を作る	メレンゲを作る	ベース生地とメレンゲを混ぜる	生地を焼く	卵液とホイップクリームを作る	焼いて盛り付ける

材料 (直径20cm／1枚／1皿分)

◎ ベース生地
卵黄 ⋯⋯ 1個分
グラニュー糖① ⋯⋯ 13g
牛乳① ⋯⋯ 大さじ1
薄力粉 ⋯⋯ 26g
ベーキングパウダー ⋯⋯ 1g

◎ メレンゲ
卵白 ⋯⋯ 2個分
グラニュー糖② ⋯⋯ 13g
レモン汁 ⋯⋯ 2滴

バター ⋯⋯ 15g

◎ 卵液
卵 ⋯⋯ 1個
牛乳② ⋯⋯ 100ml
生クリーム① ⋯⋯ 50ml

◎ ホイップクリーム
生クリーム② ⋯⋯ 50ml
グラニュー糖③ ⋯⋯ 5g
バニラエッセンス ⋯⋯ 少々

◎ トッピング
バニラアイス ⋯⋯ 50g
ブルーベリー ⋯⋯ 6粒
ラズベリー ⋯⋯ 4個
ミント ⋯⋯ 少々
キャラメルソース (市販) ⋯⋯ 大さじ1

下準備

● 卵白は泡立てる寸前まで冷蔵庫で冷やす。
● 氷水を用意する。
● フライパンまたはホットプレートを温める。
● オーブンを200℃に温める。

詳しい作り方は次ページ！

Q スキレットがない場合はどうする？

3cm以上の深みがある耐熱皿やグラタン皿でも作ることができます。その場合、容器の大きさに合わせてスフレパンケーキを焼く必要がありますが、押し込んでしまえば大丈夫！ 卵液を流し込むとき、フォークなどで数か所穴をあけておけば、しっかりしみ込んでくれます。

① ベース生地を作る

1 大きめのボウルに卵黄、グラニュー糖①、牛乳①、薄力粉、ベーキングパウダーを入れる。

2 泡立て器でよく混ぜ合わせる。

② メレンゲを作る

1 別のボウルに卵白とグラニュー糖②、レモン汁を入れ、ボウルの底を氷水に当てる。

④ 生地を焼く

1 火加減を確認、または温度を測り、バターをひく。

2 レードルまたはおたまで生地をすくって落とし、残りの生地をこんもりと盛る。蓋をしないで5分ほど焼く。

3 フライ返しで裏返し、蓋をして5分ほど焼く。

⑥ 焼いて盛り付ける

✨魔法ポイント

1 スキレットにスフレパンケーキを入れる。

2 卵液を流し入れ、パンケーキにしみ込ませる。よりしっとりさせることがポイント。

3 200℃に温めたオーブンを180℃にして15分ほど焼く。

\ BEFORE /

\ AFTER /

2 ハンドミキサーでメレンゲを作る。

1 ベース生地の入ったボウルにメレンゲを一気に入れる。

2 メレンゲの泡をつぶさないように素早く混ぜる。水分が分離していなければOK。

⑤ 卵液とホイップクリームを作る

1 ボウルに卵、牛乳②、生クリーム①を入れて混ぜ合わせる。

2 ホイップクリームを作る。ボウルに生クリーム②とグラニュー糖③、バニラエッセンスを入れ、泡立て器で角が立つまでしっかり泡立て、口金を付けた絞り袋に入れる。

4 こんがり焼けたらオーブンから取り出して5分放置する。

5 上にバニラアイスをのせ、横にホイップクリームを絞る。

6 フルーツを添え、ミントを飾り、キャラメルソースをかける。

フィルムスフレパンケーキ

透明の筒を持ち上げると…中に詰まったスフレパンケーキがお皿いっぱいに広がります。パンケーキもエンターテインメント性が求められる時代にふさわしい、サプライズなスイーツに。パンケーキがうまく焼けなくても、これなら大丈夫。

作る順番

1	2	3	4	5	6
ベース生地を作る	メレンゲを作る	ベース生地とメレンゲを混ぜる	生地を焼く	ホイップクリームを作る	盛り付ける

詳しい作り方は次ページ！

材料（直径14cm／2枚／1皿分）

◎ ベース生地
卵黄 …… 1個分
グラニュー糖① …… 13g
牛乳 …… 大さじ1
薄力粉 …… 26g
ベーキングパウダー …… 1g

◎ メレンゲ
卵白 …… 2個分
グラニュー糖② …… 13g
レモン汁 …… 2滴

バター …… 15g

◎ ホイップクリーム
生クリーム …… 100㎖
グラニュー糖③ …… 13g
バニラエッセンス …… 2滴

◎ トッピング
キャラメルソース（市販） …… 大さじ2

下準備

● セロファンで直径16cm高さ15cmほどの筒を作る。
● 卵白は泡立てる寸前まで冷蔵庫で冷やす。
● 氷水を用意する。
● フライパンまたはホットプレートを温める。
● 生クリームはホイップする寸前まで冷蔵庫で冷やす。

セロファン筒の材料と作り方

◎ 用意するもの
セロファン …… 縦15cm、横50cm
セロテープ …… 少々

1 セロファンをできあがりのスフレパンケーキよりひとまわり大きな筒にする（ PHOTO 1 ）。

2 セロテープで留める（ PHOTO 2 ）。

PHOTO 1

PHOTO 2

Q セロファンがない場合は？

クリアファイルかペットボトルでも代用できます。クリアファイルの場合はセロファンと同じように作りますが、ペットボトルの場合は、上下を切り落とします。ただし、ペットボトルの幅に合わせてスフレパンケーキを焼く必要があるので、そこだけ注意して作りましょう。

1 ベース生地を作る

1 大きめのボウルに卵黄、グラニュー糖①、牛乳、薄力粉、ベーキングパウダーを入れる。

2 泡立て器でよく混ぜ合わせる。

2 メレンゲを作る

1 別のボウルに卵白とグラニュー糖②、レモン汁を入れ、ボウルの底を氷水に当てる。

4 生地を焼く

1 火加減を確認、または温度を測り、バターをひく。

2 レードルまたはおたまで生地をすくって落とし、残りの生地をこんもりと盛る。蓋をしないで5分ほど焼く。

3 フライ返しで裏返し、蓋をして5分ほど焼く。

③ ベース生地とメレンゲを混ぜる

2 ハンドミキサーでメレンゲを作る。

1 ベース生地の入ったボウルにメレンゲを一気に入れる。

2 メレンゲの泡をつぶさないように素早く混ぜる。水分が分離していなければOK。

⑤ ホイップ クリームを作る

1 ボウルに生クリームとグラニュー糖③、バニラエッセンスを入れ、8分立てに泡立てる。

⑥ 盛り付ける

\ AFTER /

食べるときにセロファンの筒を引き上げる

魔法 ポイント

1 皿の中央にセロファンの筒を置き、中にスフレパンケーキを2枚重ねて詰め、上にホイップクリームを入れる。

2 キャラメルソースをかける。食べるときにセロファンで作った筒を引き上げる。とろっと流れるクリームがポイント。

チーズフォンデュスフレパンケーキ

とろとろのチーズソースをたっぷり絡めていただくスフレパンケーキ。濃厚なチーズにクルミがアクセントとなり、パンケーキとも相性抜群です。一緒に盛り付けたサイドのサラダが後口をさっぱりとさせてくれます。

作る順番

| 1 ベース生地を作る | 2 メレンゲを作る | 3 ベース生地とメレンゲを混ぜる | 4 生地を焼く | 5 チーズソースを作る | 6 盛り付ける |

材料（直径13cm／3枚／1皿分）

◎ ベース生地
卵黄 …… 1個分
グラニュー糖① …… 13g
牛乳 …… 大さじ1
薄力粉 …… 26g
ベーキングパウダー …… 1g

◎ メレンゲ
卵白 …… 2個分
グラニュー糖② …… 13g
レモン汁 …… 2滴

バター …… 15g

◎ チーズソース
ピザ用チーズ …… 80g
ゴルゴンゾーラチーズ …… 20g
生クリーム …… 50mℓ

◎ トッピング
クルミ …… 少々
黒コショウ …… 少々

◎ 付け合わせの野菜
シーアスパラガス …… 30g
にんじん（スライス）…… 5g
エディブルフラワー …… 3輪

下準備

● 卵白は泡立てる寸前まで冷蔵庫で冷やす。
● 氷水を用意する。
● フライパンまたはホットプレートを温める。
● 付け合わせの野菜は洗って水気を切っておく。

詳しい作り方は次ページ！

Q フォンデュにするチーズの種類は？

エメンタルチーズ、ゴルゴンゾーラチーズ、モッツァレラチーズ、カマンベールチーズなどを2種類以上混ぜると味に深みがでます。市販のピザ用チーズなら最低2種類はミックスされているので便利です。もし冷蔵庫に色々な種類のチーズが残っていたら入れてみるのも良いでしょう。

ベース生地を作る

 メレンゲを作る

1 大きめのボウルに卵黄、グラニュー糖①、牛乳、薄力粉、ベーキングパウダーを入れる。

2 泡立て器でよく混ぜ合わせる。

1 別のボウルに卵白とグラニュー糖②、レモン汁を入れ、ボウルの底を氷水に当てる。

 生地を焼く

1 火加減を確認、または温度を測り、バターをひく。

2 レードルまたはおたまで生地をすくって落とし、残りの生地をこんもりと盛る。蓋をしないで5分ほど焼く。

3 フライ返しで裏返し、蓋をして5分ほど焼く。

③ ベース生地とメレンゲを混ぜる

2 ハンドミキサーでメレンゲを作る。

1 ベース生地の入ったボウルにメレンゲを一気に入れる。

2 メレンゲの泡をつぶさないように素早く混ぜる。水分が分離していなければOK。

⑤ チーズソースを作る

⑥ 盛り付ける

\ AFTER /

魔法ポイント

1 鍋にピザ用チーズ、ゴルゴンゾーラチーズ、生クリームを入れて中火にかける。チーズが溶けたら弱火にして1分ほど煮込む。全体を馴染ませることがポイント。

1 皿にスフレパンケーキを重ねて置き、横に付け合わせの野菜をのせる。

2 チーズソースをスフレパンケーキにかける。砕いたクルミをちらし、黒コショウをふる。

ストロベリークリームの
プリンセススフレパンケーキ

ピンク色のクリームがたっぷりかかったスフレパンケーキは、まるでドレスを着たプリンセスのよう。真ん中に挟んだイチゴジャムが味のポイントです。がんばった自分へのご褒美に、お姫様気分になれるスイーツを作りましょう。

作る順番

1 イチゴをカットする

2 ベース生地を作る

3 メレンゲを作る

4 ベース生地とメレンゲを混ぜる

5 生地を焼く

6 ストロベリークリームを作る

7 盛り付ける

材料（直径15cm／2枚／1皿分）

イチゴ …… 3個

◎ ベース生地
卵黄 …… 1個分
グラニュー糖① …… 13g
牛乳 …… 大さじ1
薄力粉 …… 26g
ベーキングパウダー …… 1g

◎ メレンゲ
卵白 …… 2個分
グラニュー糖② …… 13g
レモン汁 …… 2滴

バター …… 15g

◎ ストロベリークリーム
生クリーム …… 100㎖
グラニュー糖③ …… 13g
ストロベリーアイス …… 50g
フードカラー（赤） …… 少々

◎ トッピング
粉砂糖 …… 少々
イチゴジャム …… 大さじ2
ミント …… 少々

下準備

- 卵白は泡立てる寸前まで冷蔵庫で冷やす。
- 氷水を用意する。
- フライパンまたはホットプレートを温める。
- 生クリームはホイップする寸前まで冷蔵庫で冷やす。

詳しい作り方は次ページ！

Q パンケーキの可愛い写真の撮り方は？

パンケーキって上から見ても横から見ても、写真映えするスイーツですよね！ でも、カフェなどでは盛り付けをするとき、食べる人の目線で行います。そう、左の写真のように、正面から見て斜め45度くらいに見下ろす感じがベストです。タワーになっているものなどは真横から撮ると迫力がありますが、その場合はバックの景色にも注意しましょう。

1 イチゴをカットする

1 イチゴはヘタを取り、ハート形に切る（P36参照）。

2 ベース生地を作る

1 大きめのボウルに卵黄、グラニュー糖①、牛乳、薄力粉、ベーキングパウダーを入れる。

2 泡立て器でよく混ぜ合わせる。

2 メレンゲの泡をつぶさないように素早く混ぜる。水分が分離していなければOK。

5 生地を焼く

1 火加減を確認、または温度を測り、バターをひく。

2 レードルまたはおたまで生地をすくって落とし、残りの生地をこんもりと盛る。

2 別のボウルにストロベリーアイスを入れ、**1**を加えて混ぜ合わせる。

魔法ポイント

3 フードカラーを2〜3滴入れてよく混ぜ合わせる。パステルカラーのピンク色にすることがポイント。

③ メレンゲを作る

1 別のボウルに卵白とグラニュー糖②、レモン汁を入れ、ボウルの底を氷水に当てる。

2 ハンドミキサーでメレンゲを作る。

④ ベース生地とメレンゲを混ぜる

1 ベース生地の入ったボウルにメレンゲを一気に入れる。

3 蓋をしないで5分ほど焼く。

4 フライ返しで裏返し、蓋をして5分ほど焼く。

⑥ ストロベリークリームを作る

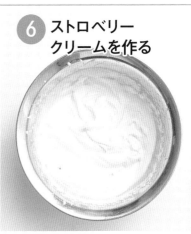

1 ボウルに生クリームとグラニュー糖③を入れ、泡立て器で7分立てに泡立てる。

⑦ 盛り付ける

1 皿に粉砂糖をふる。

2 中央にスフレパンケーキを1枚置いてイチゴジャムを塗り、もう1枚を上に重ねる。

3 皿にイチゴを置く。パンケーキの上にストロベリークリームをかけ、イチゴをのせ、ミントを飾る。

藤沢せりか

ハワイ・アイランド料理研究家
アンチエイジングアドバイザー、ハーブコーディネーター。
ALOHA DELI、South Point主宰。

30年以上にわたるハワイキャリアのなかで、ハワイ料理、パンケーキをはじめとする
アメリカンスイーツの研究を深めていく。
その一方でパティシエ、フレンチのシェフの下で修業を積み、バリ島やタイ、
カリフォルニアなどのさまざまな国のレストランでも修業を積む。
ビジュアル映えするトレンド感あるスイーツや家庭料理を得意とし、
雑誌や書籍、ケータリング等で活躍中。
初心者でも失敗なく作れるフレンドリーで丁寧なレシピに定評がある。
近著に「バスクのおいしいバルレシピ」(マイナビ出版)、
「Theハワイアンスイーツ&デリ」「Theハワイアンパンケーキレシピ」(河出書房新社)等がある。

STAFF

デザイン／小谷田一美

写真／大木慎太郎

スタイリング／South Point

フラワーコーディネート／福島康代

企画・編集／成田すず江(株式会社テンカウント)、成田泉(有限会社LAP)

編集／伏嶋夏希(株式会社マイナビ出版)

校正／株式会社鷗来堂

撮影協力／福島啓二、Floral_Atelier、UTUWA、
　　　　　クイジナート・コンエアージャパン　03-5413-8351　www.cuisinart.jp

画像協力／Shutterstock.com

はじめてでもおいしく作れる
魔法のパンケーキ

2020年11月30日　初版第1刷発行

著　者　　藤沢せりか
発行者　　滝口直樹
発行所　　株式会社マイナビ出版
　　　　　〒101-0003　東京都千代田区一ツ橋2-6-3
　　　　　一ツ橋ビル2F
　　　　　TEL：0480-38-6872(注文専用ダイヤル)
　　　　　TEL：03-3556-2731(販売部)
　　　　　TEL：03-3556-2735(編集部)
　　　　　E-mail：pc-books@mynavi.jp
　　　　　URL：https://book.mynavi.jp

印刷・製本　シナノ印刷株式会社

[注意事項]

- 本書の一部または全部について個人で使用するほかは、著作権法上、株式会社マイナビ出版および著作権者の承諾を得ずに無断で模写、複製することは禁じられております。
- 本書について質問等ありましたら、上記メールアドレスにお問い合わせください。インターネット環境がない方は、往復ハガキまたは返信用切手、返信用封筒を同封の上、株式会社マイナビ出版　編集第2部書籍編集3課までお送りください。
- 乱丁・落丁についてのお問い合わせは、TEL：0480-38-6872(注文専用ダイヤル)、電子メール：sas@mynavi.jpまでお願いいたします。
- 本書の記載は2020年11月現在の情報に基づいております。そのためお客様がご利用されるときには、情報や価格が変更されている場合もあります。
- 本書中の会社名、商品名は、該当する会社の商標または登録商標です。